DISCOVRS
HISTORIQVE
TOVCHANT L'ESTAT
GENERAL DES GAVLES.

Et principalement des Prouinces de Dauphiné,
& Prouence, tant sous la Republique &
Empire Romain, qu'en apres sous les
François, & Bourguignons.

*Ensemble quelques recherches particulieres
de certaines Villes y estans.*

Par feu M. Aymar du Perier, Seigneur de Cha-
meloc, Sieur de la maison forte d'Aruilliers,
Conseiller du Roy en sa Cour de
Parlement du Dauphiné.

A LYON,

PAR BARTHELEMY ANCELIN,
Imprimeur ordinaire du Roy.

M. DC. X.
Auec Permission.

Filius acceptæ reddit mihi munera lucis.
Dum memor ipse mei est, dum memor ipse est sui. P. F.

A L'AVTHEVR.

Velqu'vn plus braue entonnera l'airain
Des preux Gaulois, l'autre de la nature
Admirera la diuerse peinture,
L'autre l'estat plebee ou souuerain.

Celuy apres escrira comme en vain,
Il faut souffler son or & son mercure:
Et celuy la sera par grand lecture
Doux de harangue & de sagesse plein.

Qui desploi'ra son plaider au barreau,
Qui les vieux faicts r'ammerra du tombeau,
Ainsi que tous ont procliue leur ame.

Mais cestuy-cy prudent & aduisé
Pour tout obiect il ne s'est proposé
Que l'honneur sainct du pais qui le charme.

                          I. D. P.

A HAVT ET
PVISSANT
SEIGNEVR, MESSIRE FRANÇOIS DE BONNE, Sieur Desdiguieres, Visconte de Villemur, Baron de Coppet & autres places, Mareschal de France, Capitaine de cent hommes d'armes des ordonnances du Roy, & son Lieutenant General en Dauphiné.

MONSEIGNEVR,

Ie m'estimeroy des complices de l'ingrat oubly, & mon silence ne seroit pas moins digne de reproche, que de blasme, si comme heritier aux pretentions à feu mon pere (lesquelles ne seront vaines) l'on ne me treuuoit en la mesme volonté & desir qu'il auoit de recommander à la posterité la memoire de vostre glorieux gouverne-

* 3

EPISTRE.

ment, l'affection de seruir au bien public de ceux de son païs & l'enrichir selon la foible portee de nostre maison, à quoy suyuant les sages enseignemens des anciens toute personne est obligee, non seulement par la raison de droit humain, mais aussi par la religion du diuin, & par le deuoir de conscience, outre la douceur d'affection que dés nostre naissance nature imprime en nos cœurs, à tascher de profiter à la communauté de ceux auec lesquels on a conuenance de natiuité, de langue, de loix, de mœurs & de demeurance: ce qui a incité feu mon Pere (vray amateur de son païs) de recognoistre à son entier pouuoir le bien qu'il a receu d'iceluy, par ce sien œuure, lequel estant sorti en public sous la sauuegarde de vostre tres-illustre nom, pourra seruir d'exemple à ceux de sa qualité, de satisfaction à ses amis, de consolation à ses parens, d'ornement à son païs, & de tesmoignage du desir qu'il auoit de vous complaire & seruir. Ie craindrois donc que vos reproches ensemble celles de mon païs ne me fissent rougir en ma souuenance, si apres vn si long trait d'annees qu'il est decedé, ie n'employois les premiers traits de ma plume à faire reuiure ses cendres, & les desenterrer du lieu où elles sont si cherement gardees des Muses: & comme son fils le regret m'outrageroit par trop si ie ne releuois

sa

EPISTRE.

sa memoire, & qu'ouurant les prisons du silēce, ie ne la publiõ aux hommes. Personne ne blasmera (croy-ie) le dessein que i'ay de la rēdre immortelle ; & qu'autant que i'admire ses trauaux, d'autant ie celebre son nom, qui caché soubs le voile d'vn prudent silence, enuoye en l'air les estincelles du desir que i'ay d'enfanter le dessein qu'il auoit conçeu de payer à vos vertus les hommages qu'elles meritent, comme au plus digne subiect qui se puisse trouuer: Car si iamais la venerable antiquité esleua en simulachres ceux qui auoient vaillāment & courageusement cōbattu, ie diray que vous meritez vn triomphe de gloire, vn trophee d'honneur, & vne courōne de lauriers pour tant de victoires que vous auez eu sur vos ennemis, lesquels froissez & terrassez par vostre puissant bras, on a remarqué en vous autant de prudence que de valeur, qui a triomphé des triomphes de tant d'arrogantes armees : prudence (di-ie) qui vous faict meriter le triomphe de toutes vos victoires & le diadesme de vostre valeur. Ie ne parle point de vostre sagesse, de vos vertus; car à recueillir toutes les parties de vostre gloire on vous iugeroit digne de l'Empire du mōde & d'effect les proüesses & hauts faicts d'armes de ceux qui l'ont gouuerné autresfois, pour lesquels ils ont merité le nom de grands & vail-

* 4

EPISTRE.

tants Empereurs, sont moins que rien à comparaison des vostres, soit à estimer les victoires qu'ils ont eu sur ces prouinces, pour les vaincre & mettre soubs le ioug de l'Empire Romain, & les vostres pour le seruice de nostre Roy Henry IIII. d'heureuse memoire (de ce Thesee iadis, de cest Hercule, de ce braue Camille qui a retiré la France du bassin de sa ruine, de l'enfer de ses confusions, des frayeurs de tous les monstres du monde) lors que les fureurs ciuiles embrasoient ce Royaume, ou à dechasser l'ennemy estranger de nos terres, apres que la France eust prins haleine soubs le relasche de ses propres armes, & que ce victorieux & triomphant Monarnarque eust sagement desrobé à nos yeux l'effroy des diuisions clandestines, & supprimé l'vsage de la crainte pour la publique asseurance des siens, comme son nom tres glorieux, l'honneur de la terre, & l'astre ascendant de nostre bon-heur, nous en asseuroit, prins selō le mot Grec εἰρηνικός, qui ne signifie autre que pacifique & tout plein de paix: il ne se peust qu'en approchant la memoire de ce tout-puissant, tout victorieux, & inuincible Roy, ie ne m'esloigne de mon discours. La crainte que i'ay de m'engouffrer dans l'abisme de ses loüanges, me fera reprendre les brisees de celles que i'ay commencé à chanter d'vn de ses

plus

EPISTRE.

plus fidelles seruiteurs: mais quoy? ie suis semblable à ceux qui croyants d'éuiter vn danger r'entrent dans vn autre. Pardonnez Monseigneur, mon hardie & imprudente temerité, qui debile pour le peu, & audacieuse pour le trop ne peust porter vne telle charge, sinon qu'il vous pleust que par vne temeraire presumptiom, comme proche lignagier de cest audacieux qui porta le feu du ciel en terre, ie parle à l'honneur de vos victoires, de vos trophees qui donnent le vermeillon à vostre reputation, & font voler la renomee de vostre nom iusques aux terres les plus incogneuës, nom qui est si redoubté & craint par tout, que qui auroit besoin de vostre aide & secours, ne se deuroit armer que d'iceluy, comme des os d'Edouard, ou de la peau de Zisca, pour donner le terre-tremble à ses ennemis, ou comme fist ce grand Capitaine, prononcé par Annibal le premier de tous vniuersellement en experience & suffisance au mestier de la guerre, à qui (auant que partir pour aller au combat) fut aduis, que le Roy Alexandre le grand l'appella, lequel malade en son lict, apres vn doux accueil luy fit promesse de le secourir à bon escient, dequoy estoné Pyrrus print la hardiesse de luy dire: mais comment, Sire, me pourriez vous secourir, veu que vous estes malade au lict? Et Alexandre luy

* 5

EPISTRE.

respondit de mon nom seulement. Si ce Roy faisoit tant d'estat de son nom, à plus juste occasion le deuons nous du vostre : car s'il eust esté de nostre siecle l'on ne le chanteroit pas par tout inuincible comme on faict à present, ains seroit demeuré par deçà mort en bataille, s'il se fust osé presenter à vous en combat, ou bien auroit esté contrainct de s'enfuir, & par sa mort ou sa fuitte auroit augmenté vostre renommee & vostre gloire. Neantmoins quelque audacieux & temeraire dira que vostre cœur sera gelé, sous la neige de vostre teste, & que la blancheur de vostre poil approche la verdeur de vostre courage. Dire, & qui l'osera dire? qu'il ne se souuienne point de ceste guerriere vieillesse Messanissa, de Phocion, de Agesilaus, qui d'vne tire & d'vne haleine pousserent leur vaillance iusques sur le bord du tombeau, surmontans tousiours leurs ennemis? qui empeschera qu'Antigonus à barbe blanche ne conqueste toute l'Asie? qui arrachera Nestor de deuãt Troye, Solon du conseil de l'Areopage, & qui Caton du Senat de Rome, à cause de la vieillesse souuẽt lassee & nõ iamais cassee? Ce qui m'occasiõne de dire auec le Prince des poëtes (Homere) que s'il y eust oncques homme auquel Dieu fist

 Vser en guerre & en sanglans estours
 Ses ieunes ans iusques à ses vieux iours.

         C'a

EPISTRE.

C'a esté vous, Mõseigneur, qui en vostre ieunesse & en la fleur de vostre âge auez tousiours combattu victorieux, & iamais vaincu, qui comme Annibal auez tousiours sceu vaincre, & de plus poursuiure la pointe de vos victoires, lesquelles vous ont peu faire vsurper le dire de ce grand Capitaine Phocion, quand on luy apportoit des bonnes nouuelles, (ô Dieux quand cesserons nous de vaincre & de gaigner.) Vous qui au retour des combats, auez tousiours triomphé de vos ennemis desfaits, côtre lesquels eslançant vos coups de foudre, & les foudres de guerre, vaincus ont esté contraints vous tourner le dos, & par leur fuitte esuiter les dangereux effets de vostre courage, à fin qu'on dict de vous, ce que Cæsar escriuoit à vn de ses amis, pour tesmoignage d'vne siéne victoire, Ie vins, ie vi, ie vainqui: tous lesquels exploits d'armes vous sont aussi faciles en vostre vieillesse qu'en tout autre aage, prest & aussi adroit à en faire autant que iamais: ce que souhaitoit le Roy Antigonus à vn vaillant Capitaine pour le rendre parfaict, & du tout accompli au faict des armes, lors qu'on luy demanda, qui luy sembloit le plus grand Capitaine, respondit, Pyrrus pourueu qu'il vieillisse. Vous ne manquez donc point de ce qui est requis à vn sage chef, & si l'on considere vostre prudence au

con

conseil & aux affaires qui vous rend admirable, & vostre courage aux armes qui vous rend redoutable, l'on vous preferera à tout autre qui soit & qui ait esté : & ceux aussi qui nous suruiuront en admirant vos exploits qui leur seruiront de loüange, & de subiect pour celebrer vostre memoire, auront vn regret de ne vous pouuoir imiter. Tout ainsi (Monseigneur) qu'en temps de guerre, à l'exemple de tant de grands & vaillants Empereurs vous auez sceu combattre, battre & abatre vostre ennemy, de mesmes en celuy de paix, vous auez voulu imiter ces Sages & bien aduisez qui ne veilloient & vieillissoient que pour le bien & aduancement du public. vous pouuant en cela attribuer ce que ce Romain (qui semble porter tous les sages sur les fonds, & les baptizer de son nom) Cato disoit de soy mesmes, que ses ennemis luy portoient enuie, parce qu'ordinairement il se leuoit la nuict, auant le iour, & oublioit ses particulieres affaires, pour vaquer aux publiques. Ce qu'auec toute verité on peust dire de vous qui auez tousiours manié vos vertus à l'aduantage de ce païs, qui vous estes tourné à droit, à gauche, pour affermir son repos en oubliant le vostre, & ne laissant rien en blanc, ny en vuide sans le remplir de vos bienfaicts. Vos actions ont visé toutes, & n'ont ny blanc, ny butte

que

que le bien public. En cela vous estes semblable à cest oiseau, qui tout pour ses petits ne prend rien pour soy de tout ce qu'il prend. Le soing ordinaire & extraordinaire que vous n'auez espargné pour son bien particulier, luy donne subiect de vous appeler son pere, son Soter & Callinicos son Sauueur & victorieux, son Euergetes & Philadelphos, son bien-faicteur & aimant ses freres: ou pour mieux faire vous doit esleuer en bronze, à l'imitation des anciens, qui à l'honneur de ceux qui auoyent par bonnes mœurs, sainctes ordonnances & sages enseignemens, redreßé la discipline de la chose publique, esleuoient des statuës. Ce que vous refuserez, en imitant derechef ce diamant de son siecle, Caton qui ne croyoit pas que sa vertu eust son plein fonds, & la gloire de ses actions son estenduë, son long & son large, pour auoir d'images entre tant d'images des Romains, ains vouloit les cœurs pour temples, l'amour pour image, & la memoire pour autel, à fin que son nom fust canonizé en la memoire des hommes: car ce qui est basti de chaux ou de pierre, n'est qu'vne chose qui se brise, se perd en l'air comme le feu & sur le premier caprice de la posterité, sera treuué vile & abiecte en poußiere: Nos langues ne sonneront donc que vos vertus, nos cœurs ne respireront que vostre amour, qui seront les vrais Colosses de vostre gloire, les glorieuses images de vostre honneur, & images d'autant plus apparentes, d'autāt plus durables qu'elles sont basties de l'amour & du cœur des hommes. Si en tesmoignage de nostre amour enuers vous il se peust treuuer recōnoissance plus grande que celle là, nous deuons ensuiure ceux de Corioles, qui pour ne se demonstrer ingrats à l'endroit de ce genereux & magnanime Capitaine Romain C. Martius, en reuēche de ses bienfaits, le surnommerent Coriolanus : mais comme les lieux n'honorent pas les hommes, mais les hommes les lieux, & que l'honneur ne rejaillist plustost de la vertu à la personne, que de la personne à la vertu, ne faut-il pas aussi que nous soyons honorez de tant, que vous portiez le nom de ce nostre païs, ains que sa capitale ville (dicte autrefois Cularo, en aprés surnommee Gratianopolis, Grenoble, du nom de ce grand & inuincible Empereur Gratian, à la consideration de quelques petites reparations qui y furent faictes par son commandement) soit honoree du vostre, & appellée Agathopolis Ville-Bonne, nom qui luy sera plus cōuenable que tout autre, veu la grande & belle restauration qu'elle a receu par vostre soing & vigilance, au temps de vostre heureux Gouuernement, qui de petite bicoque & bourgade qu'elle estoit auant iceluy, est pour le iourd'huy reputée vne des premieres villes de la France,

EPISTRE.

(ô France la merueille du monde) & qualifiée vn secōd Paris, (ô Paris le monde des merueilles) soit pour la magnificence des superbes bastimens qu'on y void au dedans, qui la faict enuier de celles qui ne sont basties que de la pierre de l'isle de Paros : soit en richesses, lesquelles y sont si grandes, qu'il semble qu'elle soit le thresor de la France. Nous deurions arracher du Ciel vne Apotheose, vn priuilege d'eternelle vie pour vous, par qui nous viuons, consacrer à vostre santé le Theobrontion des Rois de Perse : vous deuez estre en nos vœux comme le feu des Vestales qui iamais ne s'estaint. Icy ma plume arrestera son vol, ne faisant que traisner l'aisle en si haut subject : subject que ie ne puis exprimer, non ie ne puis si comme Timanthe ie ne monstre que ie fais plus que ie ne fais, en quoy i'ay bien osé m'emanciper, m'asseurant que ce liuret qui a esté sacré à vostre nom par feu mon pere, & presenté par moy, vous sera agreable, le prenant comme vn fruict venu & sorty d'vn lieu approprié pour vostre seruice, & ou vous trouuerez toute ma vie autant d'obeissance qu'à l'endroit de celuy auquel ie succede à la mesme volonté, de mourir

MONSEIGNEVR,

    Vostre tres-humble, & tres obeissant seruiteur,
    IAQVES DV PERIER.

AV LECTEVR.

C'Est vn double deuoir qui m'a poussé à te faire part de ceste œuure, l'vn pour rendre l'honneur deu au Seigneur à qui elle est desdiée: l'autre pour monstrer que i'ay souuenance de celuy par qui ie vis, & par le moyen duquel ie respire ce doux air, croyant qu'il n'eust pas voulu pour le loyer d'vn tel bien-faict estre payé d'vn eternel oubly, ou d'vne ingratte recognoissance, pour donc n'irriter ses cendres à l'encontre de moy, & que librement il puisse passer la barque de cet importun nocher qui est sans credit, de ses escrits i'en ay faict former ce liure qui luy seruira de dernier denier pour le faire teniure à iamais, & à toy de cognoissance des choses qui ne sont pas communes à tout le monde, te releuant d'vne grand peine de n'aller fueilletet tant de graues autheurs dont il a retiré & tissu ce discours, qui ne sera point ce me semble inutile, ains seruira beaucoup à connoistre en quel estat sous l'Empire Romain estoit la France & sur tout ces Prouinces, & duquel la naïfueté qu'il a fallu obseruer aux accidens qui se rencontrér, a esté incompatible à l'artifice des belles paroles: que s'il se treuue quelques fautes & erreurs parmi l'impression, où à la citation des autheurs qui sont en marge, il les faut plustost estimer defauts & imperfections d'Imprimerie (qu'ignorance procedant de l'Autheur) qui ne peut produire vn liure si parfaict, ny si bien composé, qu'il n'y ait tousiours quelque chose a redire. Au demeurant si i'ay l'honneur de tes bonnes graces, ie te prie me le vouloir conseruer & continuer sinon ie tascheray par mes seruices les pouuoir meriter.

DISCOVRS

DISCOVRS HISTORIQVE,

TOVCHANT L'ESTAT GENERAL des Gaules, & principalement des Prouinces de Dauphiné, & Prouence: tant soubs la Republique & Empire Romain, qu'en apres sous les François, & Bourguignons.

Ensemble quelques recherches particulieres de certaines Villes y estans.

Prologue de l'Autheur, à mondit Seigneur.

MONSEIGNEVR,

Ie n'eusse tant retardé à vous enuoyer les antiques inscriptions qui se peuuent trouuer en cette ville, desquelles à vostre dernier voyage ie vous fis promesse: mais pour auoir donné ce que i'en auois à vn Gentil'homme Suisse mien amy, ie suis contrainct recourir aux pierres mesmes, partie

A

desquelles auõs trouué perdues, &
les autres faict deſenterrer: l'ay
auec ce rencontré quelques copies
qu'autrefois i'en auois faict. Ie
m'aſſeure que cela me rendra ex-
cuſable enuers vous, à ce que le
delay que i'ay prins ne me ſoit im-
puté à negligence. I'eſſayeray par
meſme moyen, & par vne plus
grande eſtenduë, de vous diſcou-
rir tant de pres & au vray que ie
pourray, l'eſtat & ſucces, non ſeu-
lement de celte ville, dés ſon commencement iuſques aujourd'huy:
mais auſſi de toutes ces Prouinces
icy, depuis qu'elles furent ſoubs la
dition & puiſſance Romaine. Et
ores que le traict des temps ſoit in-
terrompu en pluſieurs endroicts
de beaucoup de nuages, i'y. don-
neray neant-moins le iour ſi clair,
qu'il ſe peut voir tant par la graueure

ueure des pierres, que lecture des bons liures, tiltres, documens, que par cy par là me sont venus en main : & ay tiré cecy que ie poursuïs le plus succintemét qu'il m'est possible, & sans me diuertir de mō fil qu'à grand' contraincte des memoires que ie pretens auoir dressé des choses qui sont passées en cestuy nostre païs : Païs, dis-ie, que i'enclos de la Mer de Marseille ou Mediterranee, des Alpes, & du Rhosne, le suiuāt tout du long dés son embouscheure iusques à sa source, & l'outrepassant vers le bout du Mont-Iura, & confins de Mont-belliar : & de là tirant pres les marches de l'Allemaigne en Orient iusques aux fontaines du Rhin, i'y touche aucunement le general des Gaules, & prens mon commancement des Gaulois, dont les vns se ietterent en Italie, Cicile, & Affrique: les autres en Germanie: depuis en Thrace, Grece, & en fin les riches païs de l'Asie: où auec leur nom ils ont planté leur domination. Ie parle d'vn mesme style des Romains, qui premierement ont porté les armes en ces contrees icy, & n'ont cessé que nation apres nation, peuple apres peuple ils ont dompté les Gaules, entieremét bornees encor de ceste nostre Mer de l'Occean, des Alpes, & Pyrennees, & du grand Fleuue du Rhin: & n'oublie pas tout ce qu'apres & sur la desroutte, & desconfiture de l'Empire Romain les estrangers en ont enuahy: ny aussi tout ce que les François, Bourguignons, & Normans, qui sont les seuls qui ont pris & tenu presque iusques à present: ont faict de grand & remarmarquable, tant dedans que dehors. Ie ne sçay si d'vn si bel attraict que i'ay desia ramassé, ie pourray dresser l'edifice, au moins ie voudrois essayer de mettre le tout par ordre, estant mesmes la congnoissance de ces choses fort consonante à nostre profession, affin d'en aider ma memoire : & le retenant riere moy en faire part à mes amis, lesquels peust estre & si ie ne me trompe, y pourront voir ce qui ne se trouue par tout. I'ay donc tracé pour satisfaire à vos commandemens ce nombre de fueillets, à ce aussi poussé par l'exemple de deux illustres & tresdignes Conseillers du Roy en ceste Cour de Parlement, lesquels ont recherché tout ce qui s'est peu de la ville de Grenoble : & de ce grand & du tout rare Iurisconsulte qui a faict la ville de Valance, & de l'autre qui le seconde en perfection, ayant parmy ses espreuues mis en auant ce qui vrayement est digne de sçauoir de la ville de Lyon. Desquels si ie ne suis digne du rang, au moins i'essayeray d'en approcher, & tascheray parmy toutes ces ruines des temps, de faire deduicte & de toutes ces côtrees & de la ville qui ainsi est aujourd'huy vn des tiltres de nostre Roy en ceste Prouince de Dauphiné. Elle a esté comme les belles marques qui trauersás l'iniure des siecles s'y treuuent encor & en fôt preuue certaine, vne de celles qui eurent nom & lustre en ce grand estat Romain: & auquel elle estoit autant celebre & frequente, comme elle est à presēt par l'embroüilleure des dominations, & changemens

gemens de chemins & paſſages, delaiſſee & demeuree à l'eſcart.

Die capitale Ville du païs, qu'ō appelle maintenant Diois, eſt ſituee dans le pays de ceux qui ſe nommoient anciennement Voconces. Les Voconces, ainſi qu'on peut tirer de Strabo, Pline & Ptolomee, ſont de plus grand eſtenduë qu'autre peuple qui ſoit entre les fleuues de Liſere, & Durance, comme les Saliens ou Saluiens de la Durance & de la Mer: les Allobroges de Liſere & lac Leman ou de Geneue: & les Heluetiens de ce lac iuſques en Germanie: ainſi qu'auec les autres peuples qui ſont dans ceſtuy noſtre païs que i'ay dit cy deſſus en nombre de trente ou quarante, tous renommez & confinez par les plus anciens autheurs Grecs & Latins. Ie deli-

Deſcription de Die, & des Voconces.

bere discourir ailleurs plus particulierement les suiure vn à vn, selon qu'ils estoient lors que l'estat des Gaules demeuroit encor en sõ entier, & comme les Romains qui s'en rendirent vaincqueurs, les y trouuerent. Cependant ie parleray icy de nos Voconces, lesquels commançans vn peu plus bas que Vaison, qui estoit vne de leurs capitales villes, tendent vers le Septentrion le long des montaignes, qui sont sur les plaines & riues du Rhosne:& paruenus à Lisere troussent chemin, & s'en vont tout aupres de Grenoble. Delà prenant leur routte vers le Midy,& entrant aucunement dans le Gappançois viennent vers Sisteron : Et delà laissant Nyons à gauche, se vont rendre encor à Vaison, d'où ie les ay commancez.

Or

Or ce peuple estant voisin des Saluiens, qu'on dict aujourd'huy Prouençaux, qui estoient en guerre auec les Marseillois, grands amis & confederez des Romains, furent cause qu'ils enuoyerẽt deçà les Monts C. Sextius Proconsul, qui y porta les premieres armes Romaines, commença par là d'entamer les peuples de Gaule, & y fit tel progrez, qu'ayant fondé la ville d'Aix, il emporta le triomphe de l'vn & de l'autre peuple: ainsi qu'estant ces dernieres annees à Rome, i'ay verifié parmy les fastes grauees en marbre, qu'on a treuué de nostre temps en terre, & racommodé le moins mal qu'il se peust au Capitole en ces mots,

C. SEXTIVS C. F. C. N. CALVIN. PROCO. DE LIGVRIB. VOCONTIEIS, SALVIEISQVE.

Quant

Discours

Quant aux Liguriens, desquels y est faicte mention, c'est vn nom general, selon les plus anciens Grecs, qui n'appartenoit seulemét à ceux qu'on dit aujourd'huy de la riuiere de Genes: mais à tous ceux qui sont tant és grandes plaines de là les Monts que deça, voire outre le Rhosne iusques aupres des Monts Pyrennees, & prenant leur largeur en ce quartier viennét border nostre riuiere de Dromme vers Liuron ou Loriol : Outre lequel nom les peuples qui y estoient comprins auoient le leur propre & particulier: ainsi que l'on voit souuent en la Geographie & l'histoire. Quelques annees apres les Allobroges furent vaincus par C. Fabius Maximus Emilianus Allobrogicus, occasionné par les Heuiens, qui tenoient le païs qu'on dict aujourd'huy le Duché

Stra. liu. 4.

Flor. en l'epit

Corn. Tac. liu. II.

de Bourgongne: amis & aliez, qui se disoient les freres des Romains, la part où Lisere se iette dans le Rhosne: & ceste victoire fust bien tost suiuie d'vne autre qu'obtint *Flor. en l'e-* Cn. Domit. AEnobardus, à l'en- *pit.* droit où maintenát est Sainct Remy en Prouence: & encor peu d'annees apres, ces Voconces n'estans entieremét domptez, ou plustost voulans guerbuger, furent acheuez par Flaccus, duquel nom des deux precedens pour ne nous diuertir de nostre sentier, voicy le fragment tel qu'il se peut lire,
V. S. M. F. Q. N. FLACCVS PRO AN. DCXXX. GVRIBVS VOCONTIEIS.

Et pour le regard des Helueticns, qui ores auec certains autres peuples on appelle Suisses, chacun sçait cóme Iules Cesar en cheuist, & dans neuf ans suiuans de tout le reste

reste des Gaules. Bref le contenu de ces Voconces n'est autre chose peu plus peu moins de païs que le Diocese de Die. Et ne deplaise à ceux qui disent, que ceux d'Auignon estoient de ces gens des Voconces: car ils sont des Canares. Dauantage les Tricastins & les Memnins, desquels sont Nyon & Carpentras, leur faisoient barre, & estoient entre-deux. Mais auant que de passer outre, ie n'estime me diuertir de ma droitte voye, si par la victoire que Marius eust en ce païs, és enuirons d'Aix & Marseille, ie mets l'inscription qui s'en treuue: ores que mancque & tronquee sur la fin. Ce grand Soldat, ce Capitaine, ce grand Empereur d'armée, qui fut par sept fois Cōsul de Rome: qui né du village d'Arpas, dont le pere toutefois estoit

de

de l'ordre de la Cheualerie, n'ayant que la main & la ceruelle sans aucunes lettres, se rendit en armes & bonne conduicte, le premier de la republicque Romaine. Ce grand Marius, dis ie, vrayement merite qu'on le ramentoiue à toute heure.

C. MARIVS. C. F. COS. VII.
PR. TR. PL. Q. AVGVR. TR. MIL.
EXTRA SORTEM BELLVM CVM
IVGVRTA REGE NVMID. GESSIT.
EVM CEPIT, ET TRIVMPHANS IN
SECVNDO CONSVLATV ANTE CVRRVM
SVVM DIX. IVSSIT. III CONSVL ABSENS
CREATVS EST. IIII. CONSVL TEVTONORVM
EXERCITVM DELEVIT. V. CONSVL CIMBROS
FVGAVIT. EX IIS ET TEVTONEIS.
ITERVM TRIVMPHAVIT. REM PVB. TVR-
BATAM SEDITIONIBVS TR. PL. ET PR.
VI. QVI ARMATI CAPITOLIVM OCCVPAVE-
RANT. VI. CONSVL VINDICAVIT POST LXX.
ANNVM PATRIA PER ARMA CIVILIA
PVLSVS, ARMIS RESTITVTVS COS. VII FACTVS
EST. DE MANVBIEIS CIMBRICEIS ET
TEVTONICEIS AEDEM HONORI ET VIRTVTI
VICTOR FECIT VESTE TRIVMPHALI
CALCEIS PVNICEIS.

Ce temple d'honneur & vertu est vers le mont Exquilin aux quartiers duquel se voyent encor les

les trophees de Marius esleuees en marbre: & celuy que fist M. Cl. Marcellus par la victoire qu'il eust contre les Gaulois & leur Roy Viridomar long temps auparauant (affin que l'on ne confonde ces deux) est pres la porte Capene. Pour reuenir à ceste ville de Die, elle est situee au païs des Voconces, voire au centre, & comme au milieu d'iceux: laquelle auec le temps se rendit la principale, quoy qu'à son commencement & quelque nombre d'annees apres, Vaison, dont i'ay parlé, & Luc qui est en ce voisinage (qui s'appelloit Lucus Augusti) fussent, comme dit Pline, les deux capitales villes de ce peuple des Voconces, ayát chacune vn nombre de villages sous soy: & s'en rendit si bien la maistresse, qu'on treuue que les Estats du

Pli. 3. liu. 4.

Historique. 8

du païs y faisoiét leurs assemblees: ainsi que tesmoigne ceste pierre du tout belle & entiere, ayant la forme de cinq angles, & en l'vne des faces polie & grauee de grandes & bien proportionnees lettres, en ces mots:

SEX. VENCIO,
IVVENTIANO.
FLAMINI DIVI AVG.
ITEM FLAMINI ET CVRA-
TORI MVNERIS GLADI-
ATORII. VILLIANI ADLEC
TO. IN CVRIAM LVGVD-
NENSIVM NOMINE
INCOLATVS A SPLEN-
DIDISSIMO ORDINE
EORVM.
ORDO VOCONTIOR.
EX CONSENSV, ET POS
TVLATIONE POPVLI
OB PRECIPVAM
EIVS

EIVS IN EDENDIS SPECTACVLIS LIBERALITATEM.

A laquelle & pareillement à la suiuante on voit ces Flamines qui furent par Tibere instituez à son pere Auguste apres sa mort, & luy furent dressez des temples partoutes les prouinces. Elle est és ruines de Sainct Pierre hors la ville: qui me faict dire, qu'vne vieille masure (là tout auprés) où ceux de la religion font leur cimetiere, faicte de trois arcades, qui sont les restes de plus grand œuure, ne soit d'vn temple, College ou Hospital, comme le vulgaire veut dire. Mais attendu aussi que le traict de la massonnerie ne va droict: ains en contour, sont tout ce qui est demeuré d'vn theatre: auquel entre autres choses on exerçoit les ieux gladiatoires,

Dion. Cass. liu. 6.
Com. Tacit. liu. 1.

Historique.

diatoires, joinct que le Palais, qui volontiers auoit telle voisinance: est en ce quartier là, portant encor aujourd'huy le nom de Palas. Ie ne veux dire que ce fust l'habitation de l'Empereur, pour n'auoir sceu qu'aucun ait residé iamais en ceste ville: mais pour estre la demeure d'vn Gouuerneur de Prouince, qui y faisoit seiour pour certain temps: comme il se peut tirer de la loy penultiesme au Code de Iustinian, quand il parle de l'office du Recteur de Prouince. Le nom de Palais est venu de la maison de l'Empereur Auguste, situee au mont Palatin, & par consequent de tous les Empereurs Romains: & delà vient que non seulement la maison Imperiale, ou Royalle ou bié celle où s'exerce la Iustice souueraine: mais aussi l'habitation

B

Discours

d'vn homme grand & illustre est appellee Palais: ainsi que tres bien a remarqué Onuphre en ses liures de la Republique Romaine: Ce qui me faict dire que ceste nostre contrée estant de la Gaule Narbōnoise (reduicte en forme de prouince par Q. Fabius Max.) le Preteur, qui y fust estably, ainsi qu'à la Sardaigne, Scicile & Hespagne, ayans esté prinses, ou Proconsul en apres comme ils estoiét en leur prouince, habitoit quelque temps de l'an icy ou pour assembler les Estats, ou pour quelque exercice de iurisdiction: & en tels lieux, cōme dict VVolfcang Lazius en ses grands Commentaires, furent puis apres establies les Eueschez & les Archeueschez és lieux de leur demeure ordinaire: Venant donc ce Magistrat icy, il pouuoit loger au palais

Onuph. de la repub. 10. liu. 3.

Onuph. de l'Emp. Rom. liu. 3.

Pomp. de originir.

VVolf. Lazius.

palais, & faire sa charge, s'accommodant toutefois aux mœurs & loix du païs, & iugeant par icelles, comme afferme Strabo: & nō par les loix Romaines. Et tout de mesmes en vsoit il enuers les Volces Arecongiques, qui sont ceux de Nismes & des enuirons: ce qui monstre, que ce païs nostre estoit plustost amy & confederé du peuple Romain, que reduict en forme de prouince. Auquel cas il pouuoit imposer tribut, donner la loy, & mettre les officiers: lesquelles choses n'estoient icy. Et fust ce priuilege, ou par conuention faite au temps de la conqueste, ou que le merite de ce peuple fust recognu par les mesmes vainqueurs. Car ie diray que ce peuple icy plus de quatre cens ans auant la venuë de Sextius, & Flaccus s'estoit faict

Strabo li. 4.

cognoistre en Italie apres que Bellonese neueu du Roy de Bourges (au temps de Tarquin premier, Roy des Romains, & que la Colonie des Phocenses fonda la ville de Marseille; en eust frayé le chemin, & suiuy depuis par autres bouttes de peuple; entre lesquels estoient ceux de ce quartier icy, comme les Saluiens & les Gessates, ainsi nommez d'vne façõ d'armes & iauelots dõt l'on vsoit és Alpes, qu'ils portoient: & lesquels habi-

Pelib. liu. 4. toient, comme dict Polybe, és enuirons du Rhosne; Et les vns & les autres ou prenoient pied & fondoient villes delà les Monts; ou ne faisoiét autre ordinaire que d'aller & venir, & rapporter deça les despoüilles des vaincus. De sorte que ces Voconces vne partie qui se tient pres ceste ville & la cõ-

tree qu'ō appelle encor Vercots y
fonderēt la ville de Nouazze: ainsi *Plin.liu.si.*
que dit Pline bien clairement, *chap.17.*
& mesmes selon la derniere editiō
d'Aleschamp: Ce qui sembleroit,
sans le tesmoignage de ce grand
autheur, de premier front aucunement futile & non vray semblable. Mais il faut considerer que
toutes choses ont leur temps, &
que tel est entierement atterry,
qui autrefois fust du tout splendi-
de & victorieux: & ces conquestes
& fondations de villes furent pour
la plus part despuis le passage de
Bellonese iusques au temps que
Camille deliura des Gaulois la
ville de Rome. Maintenant il faut
voir si nous pourrōs trouuer le cō-
mancement de ceste ville: & de le
rechercher en l'estat des Gaulois, *Fondation de*
il est hors de toute marque & tes- *Die.*

moignage, sans lesquels la memoire est tres difficile, & volontiers fabuleuse. Donc s'il le nous faut prendre de l'estat Romain, nous les y trouuerons auec des belles, & pertinentes preuues: & dirons que selon Anthonin en son Itineraire ceste ville s'appelle. *Dea Vocontiorū*, & par les graueurs des pierres (qui sont du tout certaines pour n'estre proposees que par l'adueu public & permission du Magistrat) elle est nommee, *Dea Augusta Vocontiorum*, ainsi qu'il se voit en ceste cy, qui est à Vantauō, par laquelle appert que Caetronius auoit mesme sacerdoce, & mesme office & charge de pris des Gladiateurs que Vencius en la precedente, n'y pouuant comprendre au surplus lequel des deux estoit le premier ou dernier en temps.

D.

D. MANIB. Q. CAETRONIO FIL. VOLT.
TITVLI VETER. COH. VI. PR. LOC.
II. VIR. PONTIF. COL. AVG. ARIM.
PRAEF. PAGI. E POT. FLAM. AVG.
ET MVNER. PVBLICI CVRA. AD DEAM
AVG. VOC. HAERED. EX TESTA.

Ce qui me faict dire qu'ores que i'aye eu long temps l'opinion, que cette ville estoit vn Municipe, elle est Colonie : ie ne diray pas Romaine ou Latine, ceste cy n'ayant tous les droicts & priuileges de la Cité de Rome, comme l'autre qui les auoit entierement, iusques à donner voix en l'assemblee generalle, & demander les Magistrateurs : tout ce qu'auoit aussi le Municipe : lequel prenant

proprement & au vray auec tous
ses droicts & priuileges, retenoit
encores ses propres & particulieres loix & coustumes: & bien que
la Colonie n'ait l'vn & l'autre, si
est ce qu'on la tenoit plus excellante, d'autant qu'elle representoit
la grandeur & maiesté du peuple
Romain, & duquel elle estoit l'image & simulachre, & comme vne
petite republique, ayant ses Magistrats & son Senat: Il y auoit outre ces deux les prefectures, comme qui diroit places de gouuernement: lieux qui auoient droict de
Cour & de marché, & lieux où ils
pouuoient faire leurs petites assẽblees. Mais toutes ces differences
depuis sous les Empereurs se perdirent, & peu à peu par succession
de temps furent abolies. Mais auant que de sortir de ce propos, ie
diray,

diray, que de ces priuileges de la ville de Rome iouiſſoient les villes confederees, & auſquelles ce droict auoit eſté donné. C'eſt pourquoy les habitans d'icelle venans à Rome, auoient leur voix en l'aſſemblee generale, & à ces fins eſtoient ranges ſous les Tribus ou meſpartement qui leur eſtoit deſtiné, & de cette tribu ils portoient apres le tiltre: comme il ſe peut voir par infinité d'inſcriptiõs qui ſe treuuent vniuerſellement és trois parties du monde. Pour reuenir donc à ceſte noſtre Colonie: elle n'eſtoit ny Latine ny Romaine, mais bien militaire: car depuis le ſixieſme Conſulat de Marius auec Lucius Valerius Flaccus (qui eſtoit l'an 653. de la fondation de Rome) aucune Colonie ne fuſt cõduicte, ſinon des militaires, côme dit Velleius, lesquelles portoient le nom ou de la cause ou de leur Autheur, ou le leur propre. Ce grand Empereur Octauian Auguste, dót elle porte le nom, est l'autheur de ceste cy. Et la cause pour gratifier vne partie de ses gens de guerre qu'il fist mener de par deça par les Triumuires qu'ils appelloient, ou trois Commissaires le plus communement. Toutesfois ces Colonies prenoient le nom du lieu où elles alloient, & qui leur estoit assigné, auquel celuy qui les faisoit cõduire adjoustoit le sien, comme on voit de Martius Narbo: quelquefois leur dõnoit son nom auec la cause, comme est *Augusta Prætoria*, en la val d'Aouste: *Emerita Augusta* en Espagne, ou Lusitanie: Mais volontiers ce mesme Empereur adioustoit le sien au nom du lieu: com-

C. Velleius Patere liu. I.

comme il appert à *Brachoata Augusta*, qui est aussi en Espagne: *Alba Augusta*, non guieres loing d'icy, qu'à present on appelle *Viuiers*. Et pourroit estre que ceste cy *Dea Augusta*, est de mesme nature, ne sçachant si l'aduant-nom estoit desia propre du lieu, ou si pour signifier Deesse (comme nous toucherons cy dessoubs) il fust donné tout ensemble auec l'autre. Comment qu'il en soit tous les plus doctes tiennent que ce nom *d'Augusta* ou tout seul (auquel cas le nom du peuple l'accompagnoit: comme *Augasta Tricastinorum*, qui est icy pres, *Augusta Vindelicum, Augusta Taurinorum*) ou auec autre procedant du lieu ou de quelque cause, fust imposé par ce tres-grand & vaillant Auguste: Car

Car ses successeurs Empereurs qui portoient ce nom, soit qu'ils renouuelasset les Colonies, soit qu'ils les fondassent de nouueau, adiousstoient à cestuy le leur propre, comme *Colonia Augusta, Verona noua Galieniana, Colonia Augusta Mercurialis:* & pareillement *Colonia Claud. Aug. Aggripinēsium*, & autres plusieurs sēblables. C'est donc l'Empereur Auguste qui donna fondement & nom à ceste sienne Colonie, à ceste nostre ville. Mais pour entendre en quel temps ce fust, il est necessaire de sçauoir, qu'il ne faut parler de la legion qui fust eclipsee par l'vn de son armee à cause de quelque remuement, & d'icelle les Soldats enuoïez és Colonies en Gaule, esperant que les autres demeureroient en repos. Car c'estoit long temps auparauant, sçauoir en l'an l'an 719. de la fondation de Rome: ny aussi de son quatriesme consulat, qui fust l'an 724. auquel y manda certaines Colonies, dont ceste cy ne peut estre: pour ce qu'il ne porta ce nõ d'Auguste de deux ans apres, qu'il luy fust imposé par l'aduis de Munacius Plancus. Il faut donc que ce fust en vne autre peuplade: qu'il fit en l'an 739. ainsi que Dion recite en ces mots: *Alors* (parlant d'Auguste) *il fit cõduire plusieurs colonies en Gaule, & en Espagne: il restitua leur liberté aux Cyzicenses: il vsa de sa liberalité enuers ceux de Paphos, affligez d'vn tremblement de terre: & commanda qu'à leur ville on dõnast le nom d'Auguste.* Je ne refere cecy comme si Auguste & les Senateurs n'auoient secouru les autres villes battuës de semblables infortunes, desquelles si quelqu'vn vouloit faire denombremrnt,

Dion cass. li. 53.

Suet. en la vie d'Aug. chap. 7.

Dion liu. 54.

il

il s'estendroit à l'infini: mais ie le dis, affin de monstrer, que pour honneur le Senat mist ce nom aux villes, & qu'elles
ne se le sont choisis comme à present à
leur propre volonté. Et cela conuient
du tout à ce que le mesme Auguste parla de soy, faict par son indice ou memorial des choses par luy
faictes qu'il vouloit estre grauees
en bronze, & dressees deuant son
tombeau, comme dict Suetone: les
fragmés duquel se treuuent encor
taillez en marbre en la ville d'Ancyre, non trop loin de Constantinople au païs des Galates. Quand
il dict qu'en ces deux fois ce dont
i'ay faict mention en dernier lieu,
qu'il enuoya ces Colonies, il paya
tout comptant au peuple Romain
(duquel à son aduenemét à l'Empire il ne voulut rien vsurper) le chemin qui luy appartenoit dás le terroir

Suetone en la vie d'Aug. chap. dern.

roir de certaines Colonies, & qu'on luy reſeruoit par la diuiſiõ qui s'en faiſoit, ores qu'en quelques vnes il miſt celte reſerue, comme il eſt à voir en pluſieurs endroicts de Frō- tin. Et outre ce pour ne ſpoliet ainſi qu'on auoit accouſtumé, les habitás des lieux où l'on cõduiſoit ces gens, il leur payoit les mas & poſſeſſions qui leur eſtoient occupées, & ainſi chacun eſtoit contant : & qu'autre que luy n'auoit iamais faict auparauant, & de ſes deniers le payement s'en fit ſix ou ſept ans apres : ainſi que le tout ſe peut voir par ſon eſcript que Lipſe a recueilly auec vn grand ſoing & dilligence des vns & des autres, qui curieuſement le ſont allé voir en icelle ville d'Ancyre.

Front. liu. des colon.

III. SERIES.

PRO AGRIS QVOS IN CONSVLATV MEO QVARTO POSTEA CONSVLIBVS MARCO ET CN. LENTVLO AVGVRE CIRCITER SEXGENSIM ITINERIS EMPTI QVAM ROMANIS PRAEFEC. NVMERAVI QVOD PRO AGRIS PROVINCIALIBVS SOLVI VNVS ET SOLVS OMNIVM QVI DEDVXERVNT COLONIAS MILITVM IN PROVINCIIS IN MEMORIAM ætatis Meæ. Feti postea. NERONE ET CN. Pisone Consulibus.

Et est vrayement à croire, qu'en ce temps là 739. qui fust auant la Natiuité de nostre Seigneur IESVS CHRIST ynze ou douze ans, que M. Licinius Crassus & Cn. Létulus Augur estoient Consuls, toutes les Colonies qui portent le nō, comme la nostre *Dea Augusta Vocōtiorum, & Augusta Tricastinorum*, qu'ō dit estre S. Paul trois Chasteaux, & Alba Augusta Heluiorum, qui s'apelle maintenant Viuiers, comme i'ay dit, & semblablement celle Aouste aupres de qui la ville & chasteau de Crest furent depuis basties

Historique. 17

basties & aussi Aouste, qui est en Viennois au quartier de S. Genis, furent conduictes de par deçà: & par vne preuue encor indubitable ie mets ceste pierre en auant du tout rare & singuliere, qui se treuue icy.

Discours

J'ay eu long temps opinion que c'estoit vn autel des anciens Romains qu'ils appelloient Aram: Mais depuis auec grande raison ie l'ay changé. Donc pour sçauoir que c'est, il faut presupposer, comme il se voit amplement dans Siculus Flaccus, Agenris Vrbicus, Frontin & autres autheurs, rares & singuliers qui sont ensemble, qu'ē coduisant les Colonies les Triumuires ou trois Commissaires apres ceste arriuee au lieu qui leur estoit assigné, faisans desplacer les proprietaires & vieux habitans, venoient à diuiser aux Soldats de la Colonie tout le terroir qui se trouuoit: & premierement ils prenoiēt au milieu tout à droit fil d'vn bout à l'autre, d'Orient en Occident, & là faisoient vn grand chemin d'enuiron trente pieds de largeur, qui s'ap-

Des limit. des champs.

s'appelloit *Decumanus Maximus*: côme qui diroit le grand chemin
Royal. Apres ils croisoient, & par
l'autre milieu de Septentrion à
midy, & faisoient vn autre de mesme largeur, & se disoit *Cardo Maximus*. Or à ce compte de ces deux
maistresses voyes ils tiroient tant
qu'vn paire de bœufs peut faire:
qui sont six vingts pas à la Romaine: & en faisoient vn carré qu'ils
appelloient, *Iugerum*, qu'on pourroit dire à present vn iournal de
terre, lequel estoit par assignation
à vn chacun des Soldats: Et si la
Colonie estoit grande, ils leur en
bailloient deux, trois & d'auantage: & de ces pieces ou iournaux
ils en faisoient vn rang le long des
grands chemins, au bout duquel
rang ils faisoient encor vn autre
chemin moindre toutefois, &

n'ayant qu'enuiron douze pieds de largeur, pour le paſſage des beſtes & charroy. Apres ce chemin icy qu'on appelloit actuaire, ils traçoiét vn autre râg de poſſeſſiós, & puis vn actuaire, & ainſi conſequément tant que le terroir duroit: & marquoit on ces actuaires par leur nombre, commançát au premier, ſecond, & autres iuſques au dernier, ſelon qu'ils ſuiuoient le traict ou du grand Decuman ou du Cardo, bien qu'il y euſt pluſieurs autres eſpeces de chemins, ſelō qu'ils eſtoient, ou long ou large: ou de rigueur, comme on diſoit, ou bien en plaine, ou pres ou loing de la Mer, ou regardans les diuerſes parties du ciel, qui ne ſont de preſent en conſideration. Que s'il reſtoit quelque choſe ſur les aiſles & au bout du terroir, qu'ils appelloient

Sub-

Subcisciua, que nous pourrions dire rogneures, ils en accommodoient quelqu'vn des vieux habitans, qu'ils ne vouloient contraindre de s'en aller. Et c'est tout ce qu'on peut dire maintenant de ces chemins, apres que i'auray dict que les plus grands estoient entrecouppez au bord de chacune possession de petits sentiers qu'ils appelloiét *Intercisciuas*, pour la commodité des vns & des autres. Auec ce ie mettray par mesme moyen en auant leurs limites, lesquelles en plantant (fussent publicques ou particulieres) ils faisoient leur sacrifice, comme ils auoient leur deuotion, ainsi qu'à toute autre œuure importante: de pareille sorte qu'auiourd'huy (s'il faut faire comparaison des choses vaines & faulses à celles qui sont vrayes & diuines) l'on diroit vne Messe ou feroit on vne priere: & ce sacrifice icy estoit le Taurobolle qui se faisoit à Diane, ou bié à Cybelle, comme il est à voir icy, à laquelle Auguste estoit autant addeuotionné, comme il fit construire son temple dans sa propre maison d'habitation au mont Palatin, ainsi que luy mesme le tesmoigne en son indice par ces mots,

---

Opposito latere series I.
ÆDEM MATRIS MAGNÆ DEIÆ
IN PALATIO FECI.

Et c'est ce que veulent dire les trois lettres qui sont au plus haut bord de cette pierre M.D.M. Et quant au Decv. m. III. A. par les raisons que dessus nous les lirós ainsi, Decvmani maximi tertio actvario. Le reste est facile & tout
au

au lõg. Et pour le regard des trois I. nommez, qu'est ce autre chose que le Triumuire ou trois, commis à la conduicte de la Colonie & diuisiõ des champs & possessions ? Ores qu'és plus grandes peuplades il y en eust d'auantage, comme il est à voir en tant de parts.

Cecy est donc vne limite plantee pour marque du troisiesme actuaire, à la prendre du grand Decuman, comme i'ay dict, representant le sacrifice duquel on auoit vsé à l'abord de la Colonie, & la limitation de ce terroir, auec quelques instrumens propres tant à ce sacrifice, qu'à l'arpentement, & mesuration de la terre, tels & semblables certains qui sont figurez dans les autheurs dont i'ay parlé cy dessus. Et d'autant croy ie que ce soit vne limite, pource qu'elle n'est seule, ains s'en treuue de semblables en trois ou quatre lieux de ceste ville, & en quelque endroict de champestre, ainsi que moy mesmes ay veu.

Et est certain qu'en telles diuisions de terroir quand on ne pouoit auoir de pierres, l'on en mettoit de bois que Frontin (parlant du païs de Capue) appelle, *terminos ligneos sacrificales*, lesquels, comme il dict, furent changez depuis par Adrian l'Empereur en d'autres de pierre: qui commençoient au nombre d'vn à deux, & de deux à trois, & ainsi cõsequemment. Voilà ses propres paroles, lesquelles cõfirment encor ce que i'ay deduict du nombre des actuaires. Et quant au vœu qui y est mentionné, si ce n'est pour sa santé recouuerte à l'aide d'Antonius Musa son medecin (auquel fut à ceste cause dressee

Front. liure des Colon.

aux despens publics vne statuë aupres de celle d'Aesculape, & lui fut donnée grand sōme de deniers auec permission de porter l'armeure d'or & exemption de payer les tailles: Ie dirois plustost que ce fut l'amour d'vn chacun enuers luy, qui estoit telle que certains peres de famille ordonnerent par leur testamēt, que leurs heritiers meneroient au Capitole les victimes par eux voüees, & satisferoient à leur vœu de ce qu'ils auoient laissé Auguste en vie & santé: & tous les ordres de Rome par le vœu qu'ils faisoient pour sa santé, chacun en iettoit vne piece de monnoye dans le lac de Curce. Quant aux trois y nommez c'estoient les Triumuires ou Commissaires pour conduire la Colonie au lieu destiné, & y diuiser le terroir, estans choisis d'vn nom de bon presage, mesme

Suet. en Aug. chap. 59.

Dion liu. 53.

Suet. en Aug. chap. 57.

pour le sacrifice qu'on disoit, *bonis nominibus*, ainsi que tesmoigne Cicero. Car le premier de ceux cy est tout beau, le second se trouue du mois qui porte le nom de Mars, & le dernier n'est autre chose que tout plein de valeur. De maniere que non seulement les limites de ceste Colonie, mais aussi les portes qui y sont encor, portent les marques de ce sacrifice: car soit que celle Religion y poussast Auguste, soit la memoire de ce qu'il estoit né la part de la region du mont Palatin (qu'on appelloit testes de bœuf) qui fut depuis à Lectorius, duquel estant depossedé par crime d'adultere, s'en fit apres vn lieu sacré. Il se voit encor vne teste de bœuf ou taureau tout au plus hault de la grande & ancienne porte qu'on dict auiourd'huy

Cic. de la diuinatio. li. 1.

Val. Max. ou Tit. prob. liu. 10.

Suet. en Aug. chap. 5.

d'huy de S. Marcel, ores qu'on l'ait voulu representer à celle de Sainct Pierre, qui est d'vn autre temps, & d'vne autre taille, ne sentant rien que sa grossiere imitation, & n'approchant aucunement de ceste cy, laquelle a deux Tritons à chacun de ses costez en la face du portail, tenans leurs conques marines en bouche: & au dessoubs de l'espoisse voûte y a de beaux compartimens, remplis en leurs iustes espaces de Roses dediees à la Deesse, dont Iules, son grand oncle & pere adoptif, se disoit auoir prins origine : qu'est-ce autre chose que d'accompagner ceste religion ou naissance de la memoire & du triomphe des superbes & delicieuses amours, ensemble de la fin du tout funeste & lamétable de Marc Anthoine & de Cleopatra : dont il
receut

receut tant d'honneur & contentement, qu'il en fonda la ville de Nicopoly au port d'Actyum, dôt il l'obtint: il refist le vieux temple d'Apollô, instituà des ieux de cinq en cinq ans, fust en l'exercice de pied & de cheual, fust és doux sôs de la Musicque: voire au lieu mesmes de son armee, il dressa le trophee des despoüilles nauales à Mars & à Neptune: & des becs de fer de ses Nauires il aorna les bases du temple de son pere Iules, & encor il enuoya bonne partie d'icelles & les mieux equippees en la ville de Frejus (non guieres loing d'icy pour la deffence maritime de ces quartiers. De ces ieux là Virgile pour gratiffier le grand Auguste son maistre faict vne allusion en ces vers:

Suet. en Auguſt, chap. 18.
Dion liu. 51.
Dion liu. 53.

Ergo insperata tandem tellure potiti,   *Virg.liu.3.*
Lustramusque Iouis, votisque incendimus aras,
Actiaque Iliacis celebramus littora ludis
Exercent patrias oleo labente palestras
Nudati socij. Iuuat euasisse tot vrbes
Argolicas, mediosq; fugam tenuisse per hostes.

Donc contre tout espoir venus au port d'Actie
Enuers Iupin chacun de nous se purifie,
Par vœu faict aux Autels : nous allumons nos feux,
Et de Troye en ces bords nous celebrons les jeux.
Les compagnons tous nuds s'exercent à la luitte,
Oincts d'vn huille coulant, ioyeux qu'à nostre suitte
Parmy nos ennemis les ayons esuitez,
Et à la fin franchi tant de Grecques citez.

A ce que dessus i'adjousteray que peut estre ce nom de Dea estoit propre au lieu : peut estre qu'auec la Colonie & vœu d'icelle, il fust transporté de par deçà. Pour ce particulier rien ne se peut de certain. Il est faict encor mention de ce nom en l'vn & l'autre base ou soustiens de statuë, ou quelque autre chose qui se treuue tout aupres de ceste ville.

DE

DE AVG.   DE AVG.
ANDARTÆ   ANDARTÆ
M. IVLIVS   Q. IVL. ANTO-
THEODORVS.   NINVS.

Ores qu'il se puisse entendre par ceste lecture, que le nom de grande Deesse estoit donné à ceste addresse qui (selon ce que dict Tertullian en son Apologetique, & S. Augustin en quelques endroicts de la Cité de Dieu, parlant d'autres de pareille estoffe) deuoit estre quelque Deité du lieu que ces bōnes gens se forgerent en ce temps là, & qu'ils appelloient Dieux topiques. Et pour la mensuration dōt i'ay parlé, il semble qu'vn des arpenteurs de ce lieu fust celuy qui se lict en ceste pierre, que vous, Monseigneur, à ce qu'on m'a dict, fustes veoir, estant au rang des pre-

Tertull. en l'Apol.

premieres du fondement des murailles de ceste ville lequel est entierement deschaussé, se trouuant la terre ou roche morte plus bas & en pante, & iceluy demeurant comme en l'air au corps de sa muraille.

D. M.
M. PRIMI MESE
SORIS ATISIA
PAVLINA MARI
TO OPTIMO.

Et pour mettre en auant vn des six, comme on diroit à present officiers Royaux, estans en la Colonie aussi bien qu'au Municipe, & ainsi qu'indifferemment est à voir en plusieurs endroicts : voicy les mots de ceste pierre.

Discours

L. IVL. CLADA, ET.
IIIIIl. VIRG. AVG.
L. IVL. IVLIANVS
PATRI CARISSIMO
ET IVL. CARPIMAE
MATRI VIV. F.

Mais c'est insisté par trop à ceste ancienne recherche, il faut gaigner le temps & aller auant, & deduire tout succintemét & au vray que faire se peut l'Estat & de ces Prouinces & de ceste ville establie au païs des Voconces, qui furent reduits soubs la Gaule Narbonnoise; au commencement gouuernee per les Preteurs, & laquelle apres tout l'vniuersel des Gaules fust par Iules Cesar faicte proconsulaire; depuis Auguste estant paisible

fible mipartit toutes les Prouin- |Suet. en Auces de l'Empire, les vnes il laiſſa |guſt.ch. 47.
au peuple Romain, les autres (qui
eſtoient les plus remuans & de
plus d'importance) il ſe reſerua,
d'où vient qu'à ceux cy furent mis
les Preſidens de Prouince, Legats,
ou Lieutenans de Cæſar, Recteurs
ou Correcteurs de Prouince, &
Procureurs, qui auoient pouuoir
tel que le beſoin requeroit. C'eſt
pourquoy Pilate fut dict en Iudee
par les vns Preſident de Prouince,
& par les autres Procureur de Ceſar, ores que par confederation &
permiſſion des Romains Herodes
fuſt Roy en Paleſtine: ainſi qu'eſt
à voir de pluſieurs autres: Et à ceux
là furét mis les Proconſuls & leurs
Legats & de ceſte difference de
Preſidens & Proconſuls s'entendét
les tiltres de l'vn & l'autre office

D

qu'on void au liure des Pandectes, dont les prouinces Narbonnoise & Viennoise furent des reserues. Mais en apres (qui estoit six ou sept ans auant la venuë de ceste Colonie icy, voyant qu'il n'estoit besoin d'y tenir forces il remit au peuple auec l'Isle de Chypre la Gaule Narbonnoise: & fust encor faicte proconsulaire, & demeura par plusieurs centaines d'annees en cest estat, & iouïssoit auec toutes les autres prouinces d'vne paix vniuerselle, quand le salut des hómes, la lumiere du móde, & la mesme verité nostre Seigneur Iesus Christ vouslust naistre de la Vierge Marie au troisiesme Consulat d'Auguste, qui est l'an 4832. de la creation du monde, & 751. selon les vns, ou 752. selon les autres de la fondation de Rome.

Dion, liu. 52.

Et

Et y passa telle tranquilité qu'il estoit loisible aux Senateurs de ceste Gaule Narbonnoise d'y venir sans demander cógé: ce qui n'aduenoit en aucune autre Prouince, horsmis que de la Scicile pour estre prochaine de Rome, cóme l'autre. Et ceste liberté fut encor renouuellee du temps de Claudius l'Empereur: mais le repos se trouua aucunemét esbranlé par le remuemét de Vindex és Gaules alors que Galba vint d'Espagne, afin de iouïr de l'Empire que Neron pour s'estre tué lui delaissa, n'ayát faict que mal à l'estat d'iceluy, sinon qu'il y ioignit en forme de prouince les terres du Roy Polemon au païs de Pont, & pareillement en ce païs icy les Alpes Coctiennes par la mort de Coctius, Roy d'icelles, qui estoit à Rome dés le temps

Discours

d'Auguste: ausquelles & aux Alpes maritimes (que le mesme Auguste auoit apres la victoire de Marc Anthoine conquis & reduict en forme de Prouince) cest Empereur Neron cy donna le droict & priuilege qu'auoit le peuple du païs Latin: & bien tost apres par Galba furent adioustees à la Prouince Narbonnoise, comme dict Strabo & Ptolomee, les Sentiens, la capitale ville desquels il dit aussi estre la ville de Digne: & en ce païs là sont le petit païs de Seines, qui est Euesché, & la ville de Seine, qui semble retenir encor l'ancien nom de leur peuple. Le semblable dict Pline, que Embrunois & par le mesme Galba y furent adioustez les Aduantices, qui par la ressemblance du nom & endroict du païs est croyable estre ceux d'A-
uancon

uancon & environ iceluy temps de Neron. (l'an de la Natiuité de noſtre Seigneur 59.) l'on croit (cōme dict Ado) que Sainct Paul eſtant paruenu aux Eſpagnes, auoit laiſſé Trophine à Arles, & Creſcens à Vienne ſes diſciples pour preſcher l'Euangile: & n'y euſt autre choſe que l'on treuue en ce quartier iuſques à tant que bié peu de temps apres A. Cecina & F. Valens deux grands Capitaines de Vitellius, & qui furent le ſouſtien de ſon eſtat, & luy donnerent par leur valleur gain de cauſe à l'encōtre d'Otho ſon competiteur, Cecinna s'en retournant en Italie par les Heluetiens, que maintenant on dit Suiſſes, & Valens qui venoit des enuirons de Langres, par icy pour deſcendre par les Alpes Coctiennes (qu'on dict le Mont Ge-

Discours

néure) il fit en son chemin tant de maux & raudges, qu'il tiroit argēt de toutes mains, voire de ceux de Vienne, incité contre eux par les Lyonnois leurs anciens ennemis, ores qu'il leur eust promis tout respect & amitié, & vsa de la façon à ceux de Luc icy pres, qu'il vouloit brusler, iusques à tāt qu'ils se racheptrerent, & l'appaiserent à force d'argent, à quoy il contraignoit les autres, par infinité de violemēs & voleries: & ainsi poursuiuoit son traict de la grand voye cōsulaire d'Italie en la Gaule Viēnoise, qui est pour parler de ces quartiers, suiuant Antonin, en son itineraire, Suze, Oulx, Briançon, Rame, Ambrun, Chorges de ce qu'on dit aujourd'huy vers la Bastie de Montsalers, dont l'on passoit par vne petite montagne, qui est pres du lieu de Pierre, & par la

Anton. en son Itin.

vallee de Drome, & nõ comme on fait maintenãt, par Aspres, la Baume, Beurieres, & Leches, pour venir à Luc (dont ie parle) de Luc on venoit en ceste ville de Die : & aprés à Aouste, Valance, & depuis tout le long du Rosne à Vienne: auquel traict de païs que i'ay dict, Antonin met parmy les autres douze milles entre Luc & Die, que nous reduisons à trois lieuës, & par ce quatre milles par lieuë, qui me faict dire, que la val de Quint (qui est icy pres) ne prend son nom de Quintius, ny de C. Fabius, comme quelques vns veulent dire : mais pource que (à qui bien contera) à ceste proportion il y a cinq milles de ceste Colonie, qui est vne lieuë & quart d'icy, & c'est parlant à la Romaine, la 5. pierre, car anciénement l'on marquoit les milles par

certaines pierres, comme il est tout vulgaire. Et ainsi qu'aupres de Vienne il y a les villages de Septiesme & Diesme, qui n'est autre chose, que la septiesme & dixiesme pierre ou milliaire loin de celle ville, qui est aussi Colonie. Et de faict i'ay veu les tours de Quint encores en leur entier, dont les deux estoient faictes à cinq angles, aucunement longues, & les pierres comme en pointe de Diamāt, que ie pense les Comtes de Vallentinois és guerres qu'ils auoient sur ce païs de Diois, auoir fait bastir estant toutes voûtees: mais la troisiesme, qui estoit carree, sembloit vrayement edifice Romain. La proportion estoit belle, les quartiers de pierre grands & proprement taillez, & si bien ioincts & d'vne telle espesseur, que l'on ne
           sçauoit

sçauoit si la matiere ou l'ouurage contentoit mieux la veuë. Or tandis que ie suis en ce chemin que Valens fit par ce quartier de Die, ie diray, que c'est le mesme par lequel Iules Cæsar passa la seconde fois qu'il fust d'Italie és Gaules, apres auoir laissé Labienus vn de ses Lieutenans és tranchees qu'auec vne longue & haute muraille il auoit fait pres de Genéve depuis le lac iusques au mont Iura, qu'on dit de present de sainct Claude, pour garder les Heluetiens ou Suisses de passer: Luy (dit-il) parlant de soy-mesmes, *s'acheminoit à grandes iournees en Italie. Là il se mit à enrooller deux Legions, & trois qui auoient passé l'Hyuer és enuirons d'Aquilee, il faict venir à soy, & par le chemin plus proche tend auec les cinq Legions, par les Alpes en la Gaule delà les Monts. Là*

Iul. Cæs. des comm. de la guerre Gall. liu. 1.

les Centions, & les Garocelz, & ceux de Chorges ayans gaigné les plus haults lieux s'efforçoient d'empescher le passage à l'armee: mais les ayant repoussez par plusieurs conflicts d'Oulx ou Eschilles, qui est le dernier lieu de la Prouince citerieure, il arriue au septiesme iour de par delà és marches des Voconces: de là és marches des Allobroges, & des Allobroges il conduict l'armee és Sabusiens. Ce sont les mots de Cesar, qu'on doit entendre comme i'ay dict, autrement on tomberoit en la confusion de Marliá, & du Chanoine de Veronne en ses recherches des Antiquitez de Milanois, & de Vigenere en sa traduction des Commentaires, sur laquelle il confesse n'entendre ce passage: & faut prendre le chemin plus proche non d'Aquilee, mais de la part où où Cesar estoit alors: Car si vous le prenez par la val d'Aouste, ou par autre il n'y a aucun lieu qui s'appelle *Ocelum* : outre lequel on trouue en ce chemin les Cathuriges, peuple d'Ambrunois, ausquels se ioignans les Garocels, qui sont ceux de Morienne, dont la riuiere appellee Arc (ostees quelques lettres) porte encor le nom : auec les Centrons, gens de la Tarantaise à eux tout contigue, passans facilement par vne montagne pouuoient faire empeschement à Cæsar en son chemin. D'auantage ny par la val d'Aouste, ny par la Morienne Cesar fust venu tant tordre vers les Voconces : mais est passé par les Allobroges (qui estoient de la prouince Romaine

ou

ou Narbonnoise) pour aller droict
aux Segusiens, qui sont ceux de
Forests, & de Bresse: & ainsi les
termes de Cesar le monstrent clairement, desquels mesmes a depuis
vsé Tacite, parlant du retour de
Valens en Italie, auquel nous sommes. Et semble que sans doute,
ces deux Autheurs s'entendent de
ce chemin icy. Fabius Valens dõc
passant outre, s'en va parquer aux
Alpes: dont ceste Prouince voyant
que tous les pas estoient occupez,
& que l'Espagne & l'Acquitaine
s'estoiét declarees pour Vitellius,
elle en fist de mesme & se ietta facilement auec les plus fors: laquelle toutesfois Otho vouloit recouurer & commancer par les Alpes
maritimes qui sont vers le Col de
Tende, & bord de la Mer: mais M.
Matutus, qui commandoit en ces

Corn. Tacit. liu. 18.

quar-

quartiers là, repoussa les gens de guerre d'Otho de telle sorte, que de despit ils pillerent la ville de Vintimille, & y eust en apres plusieurs & diuers conflicts: & ores qu'ils fussent secourus de belles forces par Vallens, qui les y manda: ceux de Vitellius n'eurent du meilleur, & se retirerent à Antibe, ayát remis auparauant vne partie de leurs trouppes à Freius: & ceux d'Otho s'en retournerent en la ville d'Albige. Valens d'ailleurs entre de la part où il estoit en Italie, s'en va à Pauie, & y demeura quelque temps. A ces entrefaictes Othon estant mort, Vespasian se mist en campagne, il veut l'Empire & en priuer Vitellius: Fabius Valens (qui luy estoit tousiours affidé) s'en vient vers Matutus, qui continuoit à mesme fidelité, & voulant

Corn. Tacit. liu.19.

voulant entrer dans la Gaule Narbonnoise ne le luy conseilla, par ce qu'il y auoit prou de gens mal contans de Vitellius, & que Valere Paulin (grand Capitaine & grād amy de long temps de Vespasian) les auoit tous fait iurer en sõ nom: & d'autant qu'il estoit de Freius, il se mit dedans, & s'en rendist maistre, tant pour conseruer la ville, que les ports de Mer d'enuiron, estant grandement aidé de ceux du païs, pour en estre natif, & pour auoir esté autresfois Cappitaine des Gardes, dont Fabius Valens s'en retourna, se ietta dans ses nauires, & s'en alla vers les Stechates, qu'on dict à present les Isles d'Hieres, lesquelles apartenoiẽt aux Marseillois, où il fut prins & vaincu: & de là joinct la deffaicte des Heluetiens par A. Cecinna passant

passant par leur païs, s'enfuiuit que chacun se trouua vers le victorieux: si que les Espaignes, la grand Bretaigne, & les Gaules furent à la faueur de Vespasian, bien que durant la vie de Vitellius qui mourut quelque temps apres, il y eust du remuement és marches de la Gaule Belgique tant deçà que delà le Rhin, & és quartiers de ceux de Langres & des Secanois, qui sont aujourd'huy ceux de la Franche Comté: donc estant en ces côtrees icy la tranquilité elle y continua, non seulemét sous le braue & magnanime Prince Tite & Domitian, ses deux fils, qui luy succederent l'vn apres l'autre à l'Empire: mais du viuát des bons Empereurs Nerua, Trajan, Adriá, & les Antonins, horsmis que sous le bó Antonin la ville de Narbonne brusla, & sous M. Antonin Verus (ainsi

Discours

nommée comme tiennent Ado & Capitolin) que le premier se fit vn compagnon à l'Empire: les vns disent son frere, les autres disent son proche parent: Tant y a que ce fut Lucius Canius Verus, comme dit Victor, ou bien comme Ado L. Aurelius, Commodus, Anthonin, qui est plus consonant à ce qui se treuue en tant & diuers endroicts des Pandectes, & du Code, les appellant les freres Seuerus ou Verus & Antoninus & les aornans (cóme plusieurs autres du tiltre de Deité) sous iceux dis-ie, la Gaule estant trauaillee fut remise: mais sous le premier (estant l'autre ia decidé, plusieurs y souffrirent le martyre pour la foy Chrestienne, mesmes au quartier de Lyonnois, & Viennois, & entre autres Pothin Euesque de Lyon, Vetius Sanctus, Alexandre

Niceph. liu. 4. chap. 16.

xandre, Bibliade, & Plandine, ores
que Nicephore tienne (ainſi que
de Seuerin, Exupere, Felicia, Ado)
que ce fut ſoubs Antonin, puis ſon
predeceſſeur, lequel met tout au
long les lettres, queles Chreſtiens
de ce païs mandoient à leurs confreres d'Aſie qui s'intitulent ainſi,
Les ſeruiteurs qui habitent à Viéne & à Lyon & aux Gaules, aux
freres d'Aſie & d'Affrique, croyás
meſme foy & eſperance de redéption, paix & grace, & gloire à Dieu
le Pere, & au Seigneur Ieſus Chriſt
noſtre Seigneur. Ce nonobſtant,
faiſant Antonin la guerre en Germanie aux Marcomanes, & ſon
armee endurant ſoif pour ne treuuer eau que ce fuſt, à la priere des
Chreſtiens, qui eſtoient en icelle,
vint vne pluye ſi grande qu'elle
leur fit vne abondance & aſſouuiſ-

E

sement d'eau: & aux ennemis comme dict Paul Orose, grands coups de foudre & de tempeste, dont ils furent escartez & mis en fuitte. Et les Romains victorieux; c'est luy qui fust mary de Faustine, & soubs son nom de Marc Aurelle fait on courir ce liure tout plein de sagesse & doctrine. I'aurois encor à parler de l'estat de l'Eglise Chrestienne en ce temps là; mais pour ne m'estendre par trop, il me suffit de dire, que i'ay veu des epistres de Pius Euesque de Rome à Verus Euesque de Vienne soubs Trajan, & du mesme Pius à Iustus aussi Euesque de Vienne sous l'vn & l'autre de ces Antonins, & lesquelles i'ay retirees des Archiues de Vienne, & coppié du vieil liure où elles sont tant pleines de zele, de martyre, de pieté, & de pureté de

Paul Orose.
liu. 7.

sens & de langage, qu'il est impossible de plus, estant adonc l'estat Romain en son entier, & la discipline Militaire, les arts & bonnes lettres en vigueur, il semble que la trempe de ce temps soient ces deux inscriptions qui se treuuent icy, l'vne faicte en vœu d'vn affranchi pour son patron, & l'autre faisant mention de sa patrone posee sur les cendres de son fils.

I. O. M.

C. IV. ƎNAES. C.
COBLI. HƎR-
MAGORAE
ET VƎNAES
AT TI. CILAE
L. BI. EPAPHRO
DITVS EX VOT.

D. M.

CHARMIDES AT
TIAE LIB.
ANN. XVIII PHEVVE
NIT. FILIO CARISSI
MO

Et continua cest estat en bien mesmes en ces prouinces, horsmis que soubs Commode il receut par ses mauuaises mœurs, meschant naturel, & degenerant de ses predecesseurs, quelque alteration: mais si Pertinax & Iulian pour auoir peu regné ne le firent, Seuere incontinant le releua: non toutesfois auant qu'il eust victoire d'Albinius, duquel apres plusieurs cōflicts & pertes il iouït, & le fit mourir à Lyon, braue & valeureux Empereur s'il ne fust ennemy du nom Chrestien, & grand persecuteur des Chrestiens, entre lesquels enuiron l'an 195. Irenee Euesque de Lyon, & grande multitude y souffrirent le martyre: & lequel laissa Caracalla son fils, indigne vrayement de tel pere, ayant par sa cruaulté faict mourir tant d'illustres hommes, entre autres le Proconsul de ceste Gaule

Ael. Sparc.
Iul. Capitol.
Eutrop. li. 8.

Adon. en sa chron.

Ael. spar.

Gaule Narbonnoise, où toutesfois n'eust autre changement qu'il se dise, quoy que la violence de Macrin & l'indignité du monstrueux Heliogabale (qui s'honnoroit du nom d'Antonin) luy succedassent. Est vray que cest estat fut soustenu par la suitte du bon & vertueux Empereur Alexandre, qui mourut trop tost pour iceluy; mais il ne s'é resentit rié de par deçà, ny durant les Maximins, desquels le pere fut le premier faict Empereur par les gens de guerre, sans l'authorité du Senat, & sans qu'il fust encor Senateur: & en cest estre ce païs continua sous les Gordians, Maximins, & Balbin, Philippe Dece, Gallus & Volusian, iusques à Valerian, qu'il commença d'auoir quelque chatoüillement de la fieure

Discours

en laquelle il deuoit tomber: Car par l'insuffisance, meschante vie & lascheté de Galié son successeur, l'Empire vint de toutes pars en reuolte, & se trouua iusques au nombre de trente qui se disoient Empereurs vn chacun en son quartier, voire les femmes, ainsi que Zenobia en Orient, & en Victorina vers les marches du Rhin en Gaule s'en voulurent mesler, dequoy ce mauuais Empereur (né pour l'entiere ruine des hommes) se souciant bien peu quand on luy rapportoit que l'Egypte estoit perduë: il respondoit comme par mocquerie, ne pouuons nous pas estre sans le lin, chanure d'Egypte? & quand on l'aduertit de la perte des Gaules, Et quoy, dit-il en riant, sans ces grandes sayes ne peut estre la Republique en asseurace? Posthume

Trebel. Pol.

me grand guerrier & vertueux homme, & à qui Galien auoit baillé son fils pour estre nourry soubs luy, fut esleu par les Gaulois Empereur, estant auparauant si prisé de Valerian qu'en sa contemplation, & esperant que son fils se rédroit pareil au pere, il luy donna le tribunal de ce païs icy des Voconces, comme dict Trebellius Pollio, qui estoit (l'estat Romain commançant à se peruertir) vn petit gouuernement de ce peuple sous le general de la Gaule Narbonnoise: & de l'vn ou de l'autre de ces Posthumes se void vne belle escriture en grandes lettres Romaines dans vn roch aupres de Cisteron, qu'autrefois m'a donné Guy de Rouilasc, Seigneur de Chalestã mon cousin, dont voicy les mots qui se sont peu tirer.

CL. POSTVMVS DARDA-
NVS V. IN. IRET.
PATRICIAE DIGNITA-
TI EX CONSVLARI
PROVINCIA FVSIENNEN-
SIS EX MAGISTRO
SCRINII LIB, EX, QVAEST.
SS. EX PRAEF. SS PRAET. SS.
GAL. L. SS. ET NE IN A GAL-
LACIA SS. ET IN L. SS.
E EM SS.
MATEREAM EIVS LO-
CO CVI NOMEN THEO-
POLI EST
VIARVM VSVM CAESIS V-
TRIMQVE MONTIVM
LATERIB. SS. PRESTITE-
RVNT MVROS
ET PORTAS DEDERVNT
QVOD IN AGRO
PROPRIO CONSTITVM TVE-
TIONI

TIONI OM-
NIVM VOLVERVNT ES-
SE COMMVNE ADM.
TENTEETIANVS SS. INL.
SS. COM SS. AC FRA-
TREM
RAMORATI VIRI CL. SS. LE-
PIDO EX CONSVLARI.
GERMANIA PRIM EEX.
MAG. MEMOR
EX COM. RVM PRIVAT
SS. VT ERGA OMNI-
VN SALVTEM FORV
M STVDIVM
T. DEVO.

De ces Posthumes le pere fut esloué à l'Empire par les Gaulois, cõme i'ay dict és enuirons du Rhin, il le fist auec l'amitié d'vn chacun, les vns disẽt sept, les autres dix ans, & auec sõ fils (qui cõme empereur esleu estoit desia nommé Cesar)

E 5

fut tué par la rebellion de Lollian, que certain temps apres estant en mesme dignité, ses gens de guerre pour leur donner trop de licence, firent mourir, & luy succederent les Victorins, fils & nepueu de Victorina, Marius & Tetricus, & ce par l'entremise & faction de ceste Victorina, qu'on appelloit Mere des armées, & de laquelle on battoit monnoye d'Or, d'Argent, & de cuyure, ainsi qu'il s'en est fort long temps treuué à Treues, & laquelle on dict auoir esté tuée par le commandement de Tetricus, les autres disent par cas fortuit, A don tient que l'vn de ces Victorins fut occis à Vienne en l'an 257. des medailles de Posthume s'en ay veu de bronze en ce païs: il auoit le visage assez barbu, & la corone en teste à mode de rayons.

Sur

Eutrop. li. 9.

Sur ces entre-faictes Galien (qui laiſſoit perdre ſon eſtat) fut tué par la faction d'Aurel l'an ſecond de ſon Empire, auquel apres Clau- *Fla. Vopiſc.* dius Aurelian ſucceda, qui par ſa valleur remit ſus tout ce que l'autre auoit laiſſé deſcheoir, & venant és Gaules & ayant practiqué l'armee de Tetricus, il le mena captif, & de luy & de Zenobia, & de tous les autres qui s'eſtoient eſleuez cōtre l'Empire. Il obtint le triomphe à Rome des plus ſuperbes & magnifiques qu'on veit de long téps: apres lequel neantmoins il fit Tetricus gouuerneur du païs des Lucains, diſant ce mot de gauſſerie, qu'il valloit mieux gouuerner quelque portion de l'Italie, que de regner delà les Alpes. Ceſtuy-cy fut le premier des Empereurs qui *Sex. Aur.* vſa du Diadeſme en teſte; & ſans *Vict.*

la

la persecution Chrestienne dont il est fort denigré, seroit l'vn des plus grands personnages qui fut despuis Seuere, ayant rangé les choses en tout bon estat: auquel Tacitus & Florian freres, sages empereurs (qui pour ce peu qu'ils regnerent les y ont continuez) succederent: & à iceux Probus vrayement bon empereur, & esgal à la grande valeur, & aux grandes victoires d'Aurelian, pour la mort duquel & des Posthumes auparauant les nations estranges s'estoient si fort émancipees, que ceux de Germanie (qui ja du temps de Galien auoient le nom d'Allemans) se ietterent en si grand nombre par les Gaules pour les occuper, qu'il en demeura de morts enuiron quatre cens mille, & les autres chassez delà le Rhin.

Eutrop. li. 9.

Gregoire

Grégoire de Tours récite, qu'en ce temps là, Chrocus Roy des Allemans après auoir couru les Gaules & l'Auuergne, & fait vne infinité de maux tant aux choses sacrees, que prophanes, fut prins à Arles, & miserablement tué. Ces Allemans estans deffaits & chassez, Probus establit de bōnes & fortes garnisons és frontieres. Il recouura soixante bōnes villes qu'ils auoiēt enuahy, & si manda bon nōbre de coronnes d'or à lui presentees par icelles au Senat, cōme il luy rescriuit par lettres qui se peuuent lire encor dans Vopiscus: d'autre part il dōna sur Bonnosus & Proculus par ce qu'au trouble de ce tēps faisant de leur costé: ils auoiēt vsurpé l'Empire sur la grād Bretaigne, l'Espagne ce païs icy de la Gaule Narbōnoise, ou Brachate, ainsi nōmee d'vne sorte

Gregoir. de Tours liu. 1. ch. 32. 33. 34.

d'habillemens qu'on y portoit; mais Proculus s'intronisa d'vne gentille façon à sa Monarchie: car estant natif de la ville d'Albinge és Alpes maritimes de noble maison, & dont toutesfois les predecesseurs viuoient de rapine, & se voyant assez riche, il arma deux mil esclaues qu'il auoit pour venir à ceste grandeur, à quoy il fut encores poussé, d'autant qu'il portoit ja le nõ d'Empereur, que les Lyonnois luy auoient imposé, lors que trauaillé de la domination d'Aurelian, & craintif de celle de Probus, cestuy se treuua dans leur ville cogneu par les belles & honnorables charges militaires, qu'il auoit eu, & comme il faisoit à croire, vn iour il se mit à ioüer à certain ieu de dez, auquel iusques à dix fois se rencontra qu'il fust Empereur,

pereur, dont vint qu'vn bon flatteur, qui n'estoit des petits de la compagnie, le salua comme Empereur, pour tel l'honora, & luy ietta vne robbe de pourpre sur les espaules. Les vns par adulation le suiuirent, les autres de crainte n'oserent faire de moins ; & auec ce qu'il desiroit bien cest honneur & auoit quelques forces à sõ pouuoir, cela fut prins à bon escient, & le tint on pour Empereur ; Ce qui neantmoins ne seruit de peu : car il eut & le faict & la reputatiõ de rambarrer ces Allemans que i'ay dict, & leur fit de grãds maux. Il est vray que c'estoit à pures courses, & en allant sur eux comme à la picoree : Doncques apres les autres Probus vint à cestuy cy, le chassa iusques au fond des Gaules, le vaincquit & le tua. Quant à
Bonno-

Bonnosus Espagnol (qui sçauoit aussi bien ou mieux boire, que faire la guerre) il fut sans grands combats surmonté vers les contrees du Rhin, quelqu'vn dict que ce fut à Coloigne : à quoy se voyant reduict, il se pendit luy mesme, dont les Soldats par risee disoient, qu'vn pot à vin, & non pas vn homme se voyoit là pendu. C'est comme le recite Vopiscus : & à propos de ce beuueur ie diray que Probus auec toutes ses victoires permit à la grád Bretaigne, à toutes les Gaules, & Espaigne d'auoir des vignes, & de faire du vin : & là dessus est à noter, que long temps auparauant Domitian voyant grande cherté de bled, & abondance de vin, & que cela prouenoit d'vn trop grád trauail aux vignes, & du peu de soucy

Sue. en Dom. chap. 7.

champs, ordonna qu'aucun ne prouignaſt en Italie, & qu'és prouinces on arrachaſt le vignoble, en laiſſant la moitié aux endroicts, où il y en auoit beaucoup: Toutesfois il n'en continua pas l'execution. A ce meſnage fuſt tellement Probus affectionné, que luy meſmes fit foſſoyer à ſes gés de guerre toute vne montaigne pres de Sirine en Illirie, & y mit du plant le plus exquis & choiſi qu'il peut treuuer: par lequel païs paſſant quelque temps apres pour aller faire la guerre en Perſe, il y fut tué par embuſche que luy dreſſerent ceux de ſa gendarmerie, pource qu'entre autres choſes il leur donnoit trop de peine, & ne vouloit que iamais ils fuſſent en repos. Mais auant que ſortir plus fort de la pureté Romaine de laquelle ſe

F

ressentent ces eux epitaphes qui
se trouuent en ceste nostre ville, l'vn par la fille à son pere, &
l'autre par les deux fils à leur pere,
comme ie les mettray icy.

D. M.
M. EVTYCHI SABI
NIANI EVTYCHIA
SABINA PATRI
OPTIMO.

D. M.
C. MELINI
SECVNDINI
MELINI
VERVS ET SEVE
RVS PATRI.

Pour reuenir à mon fil, à Probus
succeda Carits vrayement digne
d'estre mis au nombre des bons
empereurs, voire des meilleurs s'il
n'eusse apres luy Carin son fils &
heritier, qui laissé pour le gouuernement d'Illirie, Italie, & Affricque, la grand Bretaigne, des Espagnes, & des Gaules, tandis que le
pere alloit en Perse apres l'electiõ
d'Em-

d'Empereur qu'en fit ceste annee, de laquelle soubs Probus il estoit Lieutenant General, s'entacha de vices si enormes, que la pluspart des gens de bien, & mesmes de ses principaux amis tomberét en grād peine: de sorte que son pere (qui luy auoit remis tout en pouuoir) entendant ses versations, le desauoüoit pour sien, ayant souuent dict auparauant qu'il estoit miserable de ce qu'il mandoit Carin pour commander aux Gaules, & que Numerian son autre fils, qui s'en alloit auec luy, n'eusse l'aage pour ce faire: & ce regret luy picquoit le cœur d'autant plus qu'il estoit de Narbonne natif, comme dict Aurel Victor: ores que les autres tiennent qu'il fust de Millan, ou de Rome : quoy qu'il soit il, mourut en Perse, les vns disent de maladie, les autres d'vn coup: & Numerian fut mis en sa place, lequel dans vne litiere, où l'on le portoit (pour la douleur qu'il auoit aux yeux à force de pleurer la perte de son pere) fut bien tost apres occis par les trames d'Aper son beau pere, lequel s'efforça d'enuahir l'Empire: mais ceste mort fut de mesmes vangee par Diocletian qu'on recherchoit à ce faire, & lequel sus vn terrein, comme dedás son siege Empereur declaré, se plaignant de ce que Numerian auoit esté meurtry, desgaina son espee, en frappa sus Aper, & le tua, confermant par cest acte la prediction d'vne deuineresse Druide, qui luy aduint és Gaules au païs des Tongres, lors qu'il estoit simple Soldat logé en vn Cabaret. Diocletian donc Empereur & reuenu

Fl. Vopisc.

Aul. Oros. in. 7.

uenu de Perse eut guerre contre Carin, & apres plusieurs conflicts il le deffit, & ne demeura guieres depuis qu'é l'an 284. il appella Maximian pour estre compagnon de sõ Empire, à ce principalemẽt occasionné par la nouuelle qu'il eust de ces quartiers de Gaule, comme Aelian & Arnaud auoient esmeu les rusticques, surnommez Baccades pour les grandes iniures qu'ils y auoient receu de Carin, & desquelles ils estoient si fort vlcerez, que beaucoup de tumultes pernicieux s'ensuyuirent. A quoy voulant Maximian accourir, & passant par les Alpes Peninnes qu'on dict ores le grãd sainct Bernard, estant d'autre costé pour aller vers les Centrons, qu'on appelle aujourd'huy la Tarantaise, les Alpes Grecques, changees

Car. Sig. de l'Emp. d'Ocean. liu. 5.

F 3

Discours

aussi à presant au nom de petit S. Bernard, il voulust faire prester serment à son armee: mais la legiō apellee Thebaine refusa de ce faire, & Chrestienne qu'elle estoit, ne voulut faire vengeance sur les Vaccondes qui estoiét aussi Chrestiens. Or les Chrestiens desia dés le temps de Tibere s'assembloient par trouppes, comme dit Tertullian, & faisoient exercice de leur religiō: & ceste legiō qui estoit du païs d'Orient fut instruicte à la foy par l'Euesque de Hierusalem & depuis confirmee en icelle par l'Euesque de Rome: Maurice qui estoit chef de la legion, & Exupere qui en estoit l'Enseigne, respondirent pour toutes leurs gens: Ce que entendu par Maximian il cōmanda de les decimer, comme il fut faict, & en fin toute la legion

taille

taillee en pieces: & ceux qui se sauuerent furent deçà delà cruellement tuez, dont vient que l'Eglise fait memoire des Saincts Martyrs de Chablois au païs des Suisses, où ces braues guerriers verserent leur sang pour soustenir le nõ & la foy de nostre Seigneur Iesus Christ, en haine duquel ces deux mauuais Empereurs persecuterent les Chrestiens l'espace de dix ans, tant en Orient, qu'en Occident plus longuement & cruellement que n'auoit esté faict despuis le temps de Neron. Maximian donc passant outre auec son armee contre les païsans les matta si bien à courses legeres & petites escarmouches, qu'ils se rendirent à luy, leur osta les armes & les remit au labourage, comme auparauant, & par vn bon ordre & bel establissemēt fit iouyr tout le païs des Gaules d'vne pacification, & si refit & restaura plusieurs villes, en-tre lesquelles est à croire, qu'est celle qu'on appelloit encor (des-puis Plancus qui en escriuit des lettres à Ciceron) du nom de Cul-caire, ainsi qu'on peut lire auiour-d'huy sur les deux vieilles portes grauees de son nom, comme de celuy de Diocletian, s'appellans par cest escript l'vne la petite Ro-maine, & l'autre la petite Viennoi-se, qui monstre que le passage pour aller d'Italie à Vienne estoit par là, comme par ce Diois, & celle ville fut despuis appellee Grenoble, ainsi que nous dirōs. L'inscription de Porte-traine qu'on appelle ain-si, non de Troye: car il n'y a raison ny apparance: mais du vieil mot depaïs Teron, qui veut dire tuyau de

Cicer. des Epist. famil. liu. 10. Epist. 23.

de fontaine. Aussi dict-on qu'vne fontaine venoit sortir tout aupres: & de faict Thomassin qui se peut lire à la chambre des Comptes, tient que pres la Porte-traine sortoit la fontaine de Ioüance : l'Inscription, dis-ie, de ceste porte bastie toute de grands quartiers de pierre de taille, que le temps veut meshuy des-ioindre, est telle tout le long de la frize.

D D. N N. IM. PP. CAES. CAIVS, VALE-
RIVS DIOCLE-
TIANVS PP. INVICTVS AVG. ET IMP.
CÆSAR M.
AVREL. VALERIVS MAXIMIANVS PIVS
FELIX INVIC-
TVS. AVG. MVRIS CVLARONENSIBVS
CVM INTERIO-
RIBVS ÆDIFICIIS PROVIDENTIA SVA
INSTITVTIS, AT-
QVE PERFECTIS PORTAM ROMANAM
IOVIAM VOCARI
IVSSERVNT.

Et en l'autre qui est ioignant l'Euesché sont les mots tout de mesme, & en la structure & en la graueure, horsmis ces derniers, PORTAM VIENNENSEM HERCVLEAM VOCARI IVSSERVNT. Car Diocletian se faisoit surnommer Iouius & Maximianus Herculeus: & ce surnom porterent despuis deux regimens de gens de guerre, que nous raconterons en certain endroict de nostre discours. Tost apres ces affaires Maximian vainquit les nations Allemandes, qui se voulurent ietter deça le Rhin, où les Bourguignós entre autres furent deffaicts par la peste & famine, & estant le trouble en tant de pars de l'Empire, mandé par Diocletian, alla conferer auec luy de tous affaires. Il passa par les Alpes Coctiénes que maintenant on appelle Mont-genéure

Historique. 46

néure iusques à Montcenis : & auec tous ces remuemens aduiserent d'auoir auec eux, deux autres qui leur fussent affidez: dont Diocletian esleut pour Empereur designé (qu'on appelloit seulement Cæsar:) Vallere Maximian, à qui il donna sa fille en mariage, & Maximian esleut Constantius, auquel il fit par mesme moyen espouser la fille de sa femme : c'est ce Cõstantius qui bié tost apres vaincquit & occit Allectus, par la mort duquel tous les lieux maritimes des Gaules, des Espagnes, & d'Italie furent deliurez des Pirates, & quelques trois ou quatre ans apres allant auec Maximian en la Gaule Belgique rembarra delà le Rhin les François, qui s'estoient iettez en païs, & par le degast desquels eux deux reedifierent entre autres les villes

villes d'Amiens, Troyes, Reims & Langres. Les choses estant ainsi & ayant passé quelques annees, Diocletian & Maximian delibererent de quitter l'Empire, & de poser la robbe de pourpre. Ce qu'ils font l'vn estant à Millan & l'autre à Nicomedie, qui estoit l'an secõd de la persecution qu'ils auoient commencee contre les Chrestiés, laquelle comme dict Ado ne cessa d'estre violante iusques à l'an septiesme de Constantin. Gallerius donc & Constantius estans seuls à l'Empire furent les premiers qui se diuiserent, ainsi que dict Paul Orose. Constantius apres le partage pour estre homme tranquille se contenta en fin des Gaules & des Espaignes: & à Gallerius demeura tout le surplus, dont il s'en alla en Illirie, d'où l'an suiuant retourné

tourné en Italie il fit Empereurs esleuz (qu'on disoit Cesars) ses deux nepueux, fils de sa sœur, Seuenus & Maximinus, & Constantius vint és Gaules: Et comme l'autre estoit cruel & rigoureux aux Chrestiens, cestuy cy doux & humain, & les esleuoit en beaucoup d'honneur, des Gaules estant passé vers la grand Bretaigne pour quelque esmeute suruenuë, il y mourut, & tost apres: & estant au plus fort de sa maladie & sur la fin de sa vie, ceux qu'il auoit aupres luy demaderent à qui il laissoit l'Empire: il respondit que c'estoit à Constátin son fils, cóme l'on dit, & d'Heleine sa concubine, ores qu'il eust fils & fille de sa femme. Constantin estoit lors aagé de trente ans, s'estát sauué deuers Gallerius, où il estoit pour les embusches qu'il cognut qu'on

Car. Sig. li. 1.

qu'on luy dreſſoit, & s'en eſtoit venu vers ſon pere. Comme Conſtantin fut nommé & Conſtantius decedé, apres le deuoir des obſeques rendu par le fils au pere, toute l'armee le ſalua pour Empereur, & ores qu'il en fit refus, le veſtirent d'vne robbe de pourpre: Ce qui depuis fut approuué par le Senat: & de ceſte nouuelle furent bien aiſes toutes les Prouinces: toutesfois elle ne fut ſi toſt à Rome auec ſon image, (où les Empereurs nouuellement venus auoient accouſtumé de l'enuoyer) que Maxentius fils de Maximian, lequel ſon pere n'auoit voulu promouuoir à l'Empire, n'eſtant qu'à dix mille de la ville ayant gaigné par promeſſes les gés de guerre qu'on appelloit Pretoriens qui dés le téps d'Auguſte la tenoient
à

à leur pouuoir & lesquels depuis Constantin abolit, fut receu dedans par leur aide & moyen. Tout cecy fust l'an de nostre Seigneur 306. Tandis Seuerus estoit à Millan qui en aduertit Gallerius son oncle, & auec les forces qu'il peut auoir s'en alla contre Rome, dont Maxentius les chassa par vne sortie qu'il fit. D'ailleurs son pere Maximian (qui menoit vne vie priuee au païs des Lucains) entendant cecy vint à Rome, & là pour la priere qu'on luy fit reprint les habits Imperiaux, & l'an suyuant eut le Consulat auec Constantin: Ce faict il assaillit Seuerus, qui s'estoit retiré à Rauenne: mais par ce qu'il ne peut iouïr d'icelle, luy fit serment & promesse de toute asseurance: Car sous ceste foy il se retira pres de Rome, à neuf milles delà,

delà, par embusches le fit mourir au milieu de l'armee : dequoy se voulant ressentir Gallerius, s'en vint de Painōnie où il estoit, mais il fut repoussé. Il voulut aussi deietter de l'Empire son fils Maxentius, toutesfois les gens de guerre ne le prindrent de bonne part : ce qu'estant par luy cognu, il dit que c'estoit seulement pour les espreuuer : puis s'en alla vers Diocletian pour luy conseiller de reuenir à l'Empire : ce que ne voulant faire dressa droict son chemin à Constantin, qui de la grand Bretaigne estoit de retour és Gaules pour empescher les François, qui vouloient passer le Rhin, tout le long duquel il rendit paisible : & là Maximian fust honorablement receu par Constantin mesme, auquel il donna sa fille en mariage, & encor luy

luy fit part du nom d'Empereur que Constantin auoit refusé iusques à ce iour là. Cependant Maxentius & Maximian estoient en Italie, prindrent ensemble ceste annee le Consulat, & firent de grandes persecutions tout vn têps contre les Chrestiens. Constantin estoit tousiours apres les Allemands, & comme il s'entendoit à leur faire la guerre, Maximiá poussé du plaisir de la domination delibere de priuer son beau fils de l'Empire, & à ces fins gaigne par presés quelques Soldats à Treues: ce que descouuert par Fausta sa fille, en aduertit son mary Constantin. Adonc Maximian sous ombre de s'en aller en Italie & de s'embarquer à Marseille, s'en vint en ce païs de la Gaule Narbonnoise, & emmenant vne bonne partie

G

de ceux des garnisons qu'il treuuoit en son chemin, afin qu'ils ne fissent nombre pour le talonner, se rendit en Arles, & delà fit plusieurs despeches aux vns & aux autres des gens de guerre pour les solliciter & gaigner par presents. Comme les Soldats de Constantin eurent entendu ce mauuais acte, sans attédre autre sauf conduit se mirent en fuitte, & firent tant par terre & par la riuiere d'Arar, qui ja s'appelloit la Saone, & du Rhosne qu'ils arriuerent à celle ville d'Arles, où sçachant que Maximian estoit à Marseille y alleront, enuironnerent la ville, & l'ayant essayé par escalade ceux de dedans serré dirent, & fust mené Maximian au pouuoir de Constantin, qu'il commanda de faire estrangler: & incontinent s'en retourna vers les Allemans, qui commencerent à remuer, lesquels il mit en fuitte, puis s'en vint passer l'hyuer à Treues, où par sa victoire accomplit les vœux qu'il auoit faict au Temple d'Apollo. Cependant Maxétius & Maximin font guerre l'vn l'autre, dequoy se resentoient la pluspart des prouinces, desquelles ceste cy n'estoit, pource que Constantin y dominoit. Gallerius d'autrepart estoit grandemét affligé de maladie pour la pourriture d'vne vlcere, & par les vers dont il estoit mangé, qui fust cause qu'il recognust ce que cruellement il auoit decerné côtre les Chrestiens, & en fit vn Edit sous son nom & de Côstantin: en fin se voyant insuffisant à la charge de l'Empire, il s'associa Licinius, du païs de Dace, qu'il auoit cognu dés la guerre de Perse addonné du tout à la discipline

Discours

militaire: ainsi vous voyez comme il y en auoit plusieurs annees auparauant, que i'ay suiuy tout expres & en ce arresté ma main & plume courante, pour essayer de mettre au net ceste multitude & embrouillis d'Empereurs en mesme temps, qui outre Seuerus ja mort estoiẽt Gallerius, Constátin, Maximin, Maxentius & Licinian: toutesfois biẽ tost apres Gallerius mourut. De Treues Cõstantin dona iusques à la grand Bretaigne pour disposer & establir toutes choses, & de là (les autres disent de Treues mesmes) print son chemin à Rome, comme au chef de ce grand Empire, pour l'oster de l'oppression de Maxentius: & à ces fins depescha de tous costez pour assẽbler gens de guerre, & mesmes és Espaignes, & Gaules, & en Bretaigne

C. Vel. Paterc. liu. 2.

gne. Maxentius au cõtraire s'apreſte, & fortifie de garniſons tous les paſſages des Alpes: mais auant que d'aller plus outre, & eſtant encor dans l'obſcur de la religion payenne, & pour preuue de la Colonie & du nom de ceſte noſtre ville, ie mettray l'eſcripteau, l'ayant luy meſmes tiré de la pierre eſtant à Arles (ainſi que m'a dict le Sr. de l'Eſcure qui le m'a donné) & duquel i'ay touché cy deſſus d'auoir mis en auant ce qu'eſt de la ville de Lyon, y ayant à chaſcun coſté vne cornupre.

D. FARRVTIAE FLAM.
DESIGNATAE COL. DEAE AVG. VOC.
ANNOS XIIII. MENS. II DTESV.
MARITVS VXORI CHARISSIMAE POSVIT.

Conſtantin auoit aſſeuré les frontieres du Rhin par bonnes & fortes garniſons, s'achemine ſur le printemps de l'an 311. en Italie:

& auec cette force il se fortifia encor de la foy, non des Dieux de Diocletian, Maximian, Gallerius, Maximin, & autres: mais du Dieu de son pere Constantius, & auec ceste intention prend son chemin, & par ses enseignes Imperialles il porte le *Jabarum* faict en forme de croix, & enrichy d'or & de pierres precieuses, & des deux premieres lettres Greques du nom de Christ, ainsi que Orisele tesmoigne d'auoir veu, & que Prudentius ancien poëte Ecclesiastique touche par ces vers.

Prudent.
En l'estendart pourpré de la gend'armerie
Christ est entretissu d'Or & de pierrerie,
Sur l'armet chresté brille aux Soldats vne Croix,
Et le chiffre de Christ est peint en leurs pauois.

Melanthon
en la vie de
ioclet.
Et de faict toutes les histoires conuiennent, voire en dernier lieu Melanthon aux Chroniques en la vie de Diocletian, que ce grand Empe-

Empereur estant en doute de ceste guerre contre Maxentius fit à Dieu sa priere, & ainsi qu'il y estoit entétif, voicy qu'apres midy comme le Soleil commançoit à decliner, il vit au milieu du Ciel vne croix tres-pure & toute esclattante de clarté, ceinte à l'entour de ces mots Grecs, EN TOYTΩ NIKA, qui veulent dire, IN HOC VINCE. C'est ce que Eusebe recite auoir ouy dire à Constátin mesme. Armé doncques de l'assistance diuine & accompagné d'vne belle armee, auec icelle passa par ce païs & *Sig. liu. 3.* descédit en Italie par le Mont-genéure & Montcenis, & vint à la ville de Suze, qui luy ferma les portes: mais il y mit le feu, & dressa les eschelles aux murailles: dont les habitans auec ce que l'embrasement surprenoit desia leurs

G 4

maisons, tous espouuantez se rendirent: lesquels il print à mercy, & auec grand soin fit esteindre ce feu. Apres il vint à Thurin, & à toutes les villes d'Italie, ayant cheuy d'Icelles qui luy resistoient iusqu'aupres de Rome: comme il fit de Maxentius, contre lequel & sa grande & forte armee au sortir de Rome donna bataille, le mit en fuitte, & le fit retirer par le Pontmolus qu'ō appelle encor aujourd'huy: sur lequel estant auec grand nombre de ses gens, le pont ne pouuant soustenir le fardeau tomberent tous dans le Tibre, & là dedans parmy les autres auec ses armes & son cheual fust englouty des ondes. Le corps treuué on luy tranche la teste, puis au bout d'vne lance fut portee par toute la ville. Ce fut l'an 313. & le 24. de Septembre

Les Fastes Grecques. Beda liu. 1. des temps.

tembre, duquel iour les indictions sont commancees, & sous les Empereurs se recommencent dés lors iusques aujourd'huy de quinze en quinze ans. Constantin apres ceste victoire entre dans Rome victorieux, & ordonne de toutes choses, entre lesquelles non seulement il permit, mais cõmanda par Edict l'exercice de la religion Chrestiéne, en laquelle il fut encores instruict par Sylueftre Euesque de Rome. Il appella depuis à soy Licinius, auquel ayant promis sa fille la luy fit espouser à Millan, & ensemble delibererent auec autres choses de faire la guerre à Maximin, qui vexoit par tyrannie l'Orient: contre lequel Licinius alla. Mais apres quelques cõflicts Maximin mourut d'vne maladie miserable en Bithinie. Ainsi Licinius estant en Oriēt, Constantin reuint en Gaule, & ayāt descōfit les François qui vouloiēt passer le Rhin, y laissa fortes garnisōs, & s'en vint en ce païs pour tenir leurs estats à Arles, où pour l'opiniō des Donatistes en Affrique, & pour le trouble qui y estoit, leur bailla pour Iuges les Euesques d'Arles, de Coloigne & d'Autun: auec plusieurs autres d'Italie. Estant à Arles il eust vn fils de sa fēme Fausta, qu'il appella cōme lui Constantin: en apres il s'ē alla à Treues passer l'hyuer, & l'an suiuant qui fust 314. s'en reuint encor à Arles, où pour le faict des Donatistes fit assembler vn Concile en nombre de six cens Euesques: par laquelle assemblee & la cause d'icelle se voit dans Nicephore vne sienne epistre à Melchiades Euesque de Rome, & à Madic: Dont l'on peut voir par tel nombre d'E-

Niceph. liu. 7 chap. 43.

uesques, que l'Eglise qui n'estoit bien encores sortie de la persecution, estoit par icelle grandement augmentee, & comme le martyre fut l'aduancement de la gloire de Dieu. Il appert de l'ordre Ecclesiastique de ce temps là, par la teneur d'vne lettre de Syluestre aux Euesques de Gaule: dōt i'ay la coppie parlāt de certain sauf-conduit pour les Ecclesiastiques, & declarāt par la fin les sept prouinces des Eglises appartenans à celle de Viéne, qui sont, la Viennoise premiere, la Narbonnoise premiere, la Narbonnoise secōde, l'Aquitaine premiere, qui est Bourges, l'Aquitaine seconde, qui est Bourdeaux, la Nouem populaire, qui est Ausch & Embrun, qu'ō dit estre les Alpes maritimes: pource que ses Suffragans tendent & sont iusques à la mer. Ainsi l'estat Ecclesiasticque a

Du liure de Vienne.

treuué si bien dressé le Romain, qu'en maints endroits elle l'a suiuie. Neuf ans apres par l'opinion d'Arrius prestre d'Alexandrie, Ce grand Empereur fit assembler le celebre Concile de Nice, auquel se treuua, pour la prouince des Gaules Nicassius Euesque de Digne, les autres disent de Die, & demeura quelques annees en Orient, esquelles s'estant Licinius faict encor ennemy des Chrestiens, eust plusieurs guerres contre Constantin, auquel en fin il renuoya sa fille, & despuis s'estant rendu priué voulut brasser quelque chose contre luy en la ville de Thessalonice: ce qu'estendu par ceux de la garnison le firent mourir: ainsi Constatin se treuua seul à l'Empire. Il auoit neant-moins auparauát esleu Chrispus & Constantin ses enfans pour

Paul Oros. liure. 7.

Rom. 1. des Conciles.

pour Empereurs, & máda Chrispus en Gaule pour y cómender, deffédre les frontieres du Rhin, comme il fit, & obtint de belles victoires: d'où le rappella six ou sept ans apres, pour le mener en celle guerre qu'il auoit encor contre Licinius, de laquelle estant auec son pere de retour fust tué, par les menees de Fausta sa marastre en la ville de Polla, au païs d'Istrie, ayant enuoyé en son lieu Constantin son autre fils en Gaule auquel il donna tout pouuoir, & y demeura jusques à ce qu'il mourut. Apres tout cecy, Constantin s'estudie du tout és armes, & de par deça delibere de s'en retourner en Orient, où considerant la belle situation & les cómoditez de l'ancienne ville de Bizantion Colonie autresfois des Atheniens, delibere d'y transpor-

Discours

ter l'Empire Romain, & d'en faire cōme vne nouuelle Rome: ce qu'il fit. Il osta les garnisons des frontieres d'Allemaigne, & ouurit par ce moyen la barriere à ces nations Septentrionales pour entrer és Gaules: il fut le premier qui s'aidoit des estrangers d'où s'ensuiuit en fin la dissipation de l'Empire. Ce fust luy qui fōda l'Empire d'Orient en son Bizantion, que de son nom il appella Constantinople, & à Rome laissa celuy d'Occident. Nous lairrons là l'autre, & suiurons cestuy cy qu'outre la diuisiō faicte par Auguste, que i'ay touché, & despuis par Adrian l'Empereur qui est celle qu'il mit en auant, Sex. Ruffus, il diuisa en deux parts appellees du nom d'Italie & des Gaules le chascun en trois dioceses, cōme on disoit: la premiere
se

Sex. Ruff. en son hist. Rom. Onuph. de l'Emp. Rom. liu. 3. Sig. liu. 4.

se composoit de l'Italie, d'Illirie, d'Affrique: & l'autre des Espaignes des Gaules, & de la grand' Bretaigne. Ie suiuray ores seulement les Gaules mesparties en 17. prouinces, la Lyonoise premiere, secōde, troisiesme, & quatriesme: la cōtree des Sequanois, la Belgique premiere, & seconde: la Viennoise, la Narbōnoise, premiere & seconde: les Alpes maritimes, les Alpes Greques, qui sont la Tarantaise, vers le val d'Aouste, l'Acquitaine premiere & secōde, & la Nouépopulaire, & és deux parties de cest Empire Occidental, cōme de l'Oriental, il mit deux Lieutenās generaux, qui s'apelloiēt *Præfecti prætorio*, à sçauoir le lieutenant General de l'Italie, & le lieutenāt General des Gaules: fit aussi deux Patrices à chacune partie l'vn, qui sont noms de dignité:

C'est

Discours

C'est pourquoy nous verrõs quelquesfois que les generaux d'armee des Romains estans par deçà, furẽt honorez de ce nom, voire des premiers Rois de France l'ont accepté par les alliances qu'ils eurent auec les Empereurs d'Oriẽt, & mesme Charlemaigne le receut à grãd & specieux tiltre: il fit plusieurs autres ordonnances, & establissemẽs, & est la plus memorable en luy, qu'il fust le premier des Empereurs qui embrassa la Religion Chrestienne: & dés luy furent Chrestiẽs tous ceux qui paruindrent à l'Empire: & n'y eust que Iulian despuis surnommé l'Apostat qui retourna à ce vomissement. Constantin (sur lequel a esté necessaire m'estẽdre aucunement) estant à la fin de ses jours disposã de l'Empire en faueur de ses trois enfans, & par son testa-

Lá t. Pomp.

testament aduint à Constantius l'Asie, & tout l'Orient: à Constans l'Italie, l'Affrique, l'Illirie, Dalmatie, la Thrace, la Macedoine, & la Grece: à Constantin, les Alpes, & toutes les Gaules qui sont deçà les Alpes, & aussi les Espaignes, & la grand' Bretaigne, quelques vns disent que ces freres n'eurent ce partage par testament: mais qu'ils se diuiserent l'Empire par sort. Quoy que ce soit, ils ne furēt correspondans à la sincerité de religion ni à la vertu de leur pere: toutesfois Constantin fust perseuerāt à l'obseruation de la foy Catholique: car Constantius estoit Arrié, & Constans ne fut trop asseuré. Constantin estoit mescontant de ceste portion, & manda lettres à son frere Constans, comme il ne deuoit auoir si peu de terres, atten-

Sext. Aur. Vict.

H

du mesmes qu'il estoit l'aisné. Mais Constans luy respondit qu'il vouloit demeurer au testamét de leur pere. Constantius faict la guerre en Perse. Constans és païs Septentrionaux outre le Danube, & Constantin vacquoit à donner ordre és affaires de Gaule, demeurant sur les frontieres du Rhin contre ceux qui estoient de par delà. L'opinion d'Arrius s'espandoit fort de tous costez, & fut occasion qu'il y eut plusieurs meurtres, mesmes à Constantinople en la personne des Princes. Constantin s'en va treuuer dans peu d'annees apres à main armee son frere Constans, lequel lui manda quelques auant-coureurs auec leur Cappitaine vers le quartier d'Aquilee, par l'embusche desquels Constantin, combattant vaillamment auec la

plus

plus grãde partie des siens fust tué: de là s'en allant Constans à Millan, manda comme l'on presume vers les Gaules, les Espaignes & la grand Bretaigne: car il n'y vouluſt pour lors aller: & l'annee ſuyuante il departit d'Italie, & print ſon chemin en Pannonie. Ce pendant les François paſſerét le Rhin maugré ſes Cappitaines, qui fut cauſe qu'en l'an apres ils s'en vint és Gaules contre eux, & eut ceſte guerre diuers éuenemens: puis s'en vint à Boloigne en Italie: mais il n'y demeura guieres qu'il ne retournaſt à Treues pour faire la guerre aux Allemans, tandis que Conſtátius la faiſoit aux Perſes, deſquels s'eſtant retiré Conſtans en Italie, conuint par lettres auec ſon frere, qu'vn Concile ſe tiendroit, cóme il fit l'an trois cens quarante cinq,

Discours.

en la ville de Sardis au païs de Dace, pour l'opinion Arrienne, les Euesques d'Orient & d'Occident se treuuerent, entre autre Palladius Euesque de ceste cité de Die, de laquelle il me reste vne inscription, qui pourroit auoir esté faicte au changement de la Religion, & de l'Empire, & en temps embroüillé, qui se treuue encor entiere, les autres n'estant que fragmés ou pieces rompues: ou bien si particulieres qu'elles ne meritent d'estre mises en ce rang. Aussi peu que plusieurs tronçons qui se treuuent à Luc & Barnans, ayant esté vne Prefecture ou lieu de gouuernement, cõme i'ay treuué en quelques graueures sur la mesme place dequoy ie parleray ailleurs de la precedente estant vn municipe, ainsi que i'ay dict cy dessus.

Tom. 1. des Concil.

dessus. Ceste derniere pierre contient ces mots.

D. M.
LIBERVM AC CON-
IVGIBVS PVBLIGICALIS
T. NET, IPSIVS CONSECRATVM
CVM BESE VINEÆ AREP.
EX CVIVS REDITV OMNIB.
ANNIS PROLIBARI VOLO
NE MINVS XV. V. S. E
H. T. H. N. S.

Ie laisse la correction à qui plaira d'en prendre la peine, quoy qu'il soit le fondateur (comme signifient les dernieres lettres pointues) vouloit qu'on n'employast moins de quinze mesures de vin à cest anniuersaire, & que ses heritiers ne fussent enterrez dans ce tombeau. Constans apres la resolution d'assembler le Concile de Sardis, faict vn tour en Pannonie, s'en reuient és Gaules, & ayāt appaisé les bords du Rhin print vne vie si desbordee & corrompuë qu'il se priua de toute compagnie pour mieux s'addonner à ses plaisirs, & sembloit auoir entierement delaissé tout le soucy qu'il auoit de l'Empire. Ce qu'estant consideré par Magnentius Coronel de deux regimens qu'on appelloit des Iouiens & des Herculiens, establis comme il est à croire, & comme le nom le monstre, par Diocletian & Maximian, il resolut de l'opprimer, attandu mesmes que Constatius faisoit mal ses affaires en Perse: & de fait à l'aide des principaux, les autres y estant tirez par force, fut creé Empereur en la ville d'Autun. Ce faict il depescha Gaïse auec trouppe de gés de guerre pour tuer Constans, lequel ne trouua pas au quartier du Rhosne, cōme il cuidoit: ains en vne bourgade nommée Helaine vers les monts Pirennees, où s'en estant fuy & retiré dans vn petit temple fut tué de la propre main de ce Gaise : estant par là verifié la prediction qu'autres fois luy auoit esté faicte, qu'il mourroit au giron de sa grãd mere, laquelle s'appelloit Heleine. Magnentius enflé de cest heureux succez faict le chacun de ses freres Decentius & Disdier Empereurs esleus, qu'on appelloit Cæsars: ce qu'entendu par l'Italie, aussi tost y eust deux partis, l'vn par Nepotiã, & l'autre par Anicius, que Magnétius auoit faict Lieutenãt general, & auquel estant mis en routte fut subrogé. Marcellin, qui y alla auec nouuelles forces. De toutes ces choses aduerty Constantius s'en reuint le plustost qu'il peut de Perse en Constantinople, & là

H 4

prepara son armee contre Magnetius. Lequel ayant ordonné ses affaires de Gaule se iecta en Italie, où trop insolemment il vsa de sa victoire, par bannissemés & meurtres de plusieurs qu'il commit, tandis que son frere Decentius faisoit tout ce qu'il pouuoit en Gaule contre les Allemans. Constantius apres auoir faict Empereur esleu son cousin Gallus & qu'il l'eust mandé pour continuer la guerre de Perse, s'en va contre Magnentius, & se rendit l'vn & l'autre en Pannonie, où Magnentius apres plusieurs pourparlez & entreprinses fust mis en routte, & trente mille des siens tuez. Et c'est ce qu'on dict la bataille de Murcis en ce païs là. Magnentius s'en retourne à Pauie, où les gés de guerre & legions de Constantius (qui lors

Historique. 61

lors ne bougea de Pannonie) le suiuirent & là dresserent nouuelle guerre: mais il n'y eust point de bonne issuë: dont Constantius y vint, & apres vne plus forte guerre, plusieurs cõflicts & diuers éuenemens Magnentius vaincu se retire à la fin en ce païs icy, où voyãt que ses gens de guerre estoiét faillis de cœur, monta dans son tribunal & par sa harangue essaya de les asseurer: mais ainsi qu'ils luy vouloient aplaudir, & le saluer, cõme contraincts & sans y penser le saluerent, Constantin Auguste, au lieu de dire Magnentius Auguste: duquel presage ayant perdu cœur, ainsi qu'il fut en la ville de Montsaleon, comme recite Sigonius, & dont i'ay parlé cy dessus, & dict estre aujourd'huy la Bastie de Montsaleon, qui est entre Vei-

Sig. lin. 5.

H 5

nes & Serres, il despecha vn ambaſſadeur (eſtant de l'ordre des Senateurs) à Conſtancius, pour traitter la paix: lequel il ne voulut voir, eſtimant qu'il y vint pour eſpier & deſcouurir toutes choſes. Il y māda pareillement quelques Eueſques, qui reuindrent ſans reſponce, & s'approchant touſiours auec ſon armee beaucoup de Soldats ſe iettoient dedans, & abandonnerét Magnentius, qui voyant n'y auoir lieu de pardon taſcha par tous moyés qu'il peut de faire nouuelle creüe de gens de guerre, & donnerent encor bataille en ce lieu de Montſalcon, d'où Magnentius s'enfuit, & s'en alla rendre à Lyon, où ſa gendarmerie voyant qu'il n'y auoit moyen de ſe ſauuer, l'aſſiega dans ſon logis: afin qu'il n'eſchappaſt. A quoy eſtant reduict, il fit

Sex. Aur. Vi.

fit le traict d'vn hôme farouche, &
du tout desesperé: car il tua tous ses
amis & ses plus proches, blessa son
frere Disdier à mort: & en fin se
tua lui mesme. Decétius son autre
frere, se hastant pour luy dôner secours
s'estrágla si tost qu'il en sceut
la nouuelle. Disdier estant guery
de ses playes se met au pouuoir de
Constantius, & ainsi tout l'Empire
de Constantin paruint à Constantius,
lequel dés qu'il eust estainct
Magnétius, & toute sa factió, s'en
vint à Arles, où il fit des ieux de reiouyssance,
& fit aussi punition de
ceux qui estoient soupçonnez tát
soit peu d'auoir fauorisé le parti de
Magnentius. Il eust la nouuelle de
só cousin Gallus qui estoit en Perse,
où ses deportemés estoiét fort desbordez,
& pour l'admônester luy
depescha gens de sa suitte. Là eust
aduer-

Discours

aduertissement que les Allemans auec leurs Rois Gardonar & Bardonnar freres faisoient des grands maux és frontieres du Rhin: où pour accourir s'en va droict à Vallance, comme dict Ammian, & là attendant grains de l'Acquitaine qu'on ne pouuoit conduire à cause des pluyes du Printemps, plus longues que de coustume, entendit encor nouuelles des insolences de Gallus. Cependant son armée assemblee à Chabeuil ne portoit patiemment ceste attente: ores qu'il y mādat Ruffin sō Lieutenant general, pour remonstrer ses empeschemens, le mettant par ce moyen au danger d'estre perdu par les Soldats mutinez, & ce faisoit-il pour la haine qu'il portoit à Gallus, duquel Ruffin estoit oncle, qui se mania fort dextrement à ceste

Ammian Marc. li.14.

ste charge. Constantius partant enuoya par Eusebe son premier vallet de Chambre, argent pour distribuer aux plus turbulents, affin qu'ils appaisassent les autres: où arriuant bien tost viures tout despartit pour s'en aller vers les Rauraques, qui est le païs de Basle. Là par plusieurs endroicts ayant essayé de faire vn pont sur le Rhin, fut parlé de paix, laquelle Constátius octroya. Ce faict il s'en retourne iusques à Millan, d'où il rescriuit à Gallus qui reuenoit de Perse, le conuiant de venir à luy pour s'aider au soustien de sa charge, toutesfois c'estoit pour en faire punition. Et de faict il fust tué pres la ville de Polla, par les gens de guerre à ce faict enuoyez. En mesme temps Siluanus Coronel de l'Infanterie, estant en Gaule se
fit

fit créer Empereur en prenant les
habits Imperiaux à Coloigne: &
dict on qu'il auoit, à force d'argét,
attiré les François à son party. Ce
qu'entendu par Constantius à Milan, il tint conseil au plus gros de
la nuict, & despescha Vrsicin à grāde diligence, soubs ombre d'y aller pour tenir sa place, faignant ne
sçauoir rien de ceste creation: &
estant auec ce benignement receu
par Siluain il sollicita soubs main
les regimens qu'on appelloit *Bra-chats*, & les Cours, si bien qu'aiāt
tiré ce nouuel Empereur d'vne
maisonnette, ou il estoit caché, par
vne infinité de blesseures le firent
mourir. En ceste année qui estoit
trois cens cinquante cinq, il fit là
mesme à Millan Empereur esleu,
qu'on appelloit Cæsar, Iulian frere de Gallus qui venoit fraische-
ment

Sig. liu. 6.

ment des estudes de Grece, & luy
bailla toutes les Gaules en charge:
où pour aller departit de Milan
& estant à Thurin entendit que les
Allemans auoient prins Coloigne
par siege, s'en vint droict à Vienne, où les habitans le receurét fort
honorablement : parmy lesquels
vne vieille aueugle ayant sceu qui
c'estoit, s'escria tout haut, que cestuy cy deuoit reparer les temples
des Dieux. Ce qui se trouua veri-
table: car en apres il renia la religiõ
Chrestiéne, & se rendit à la Payé-
na. Il passa là tout l'hiuer, & le printemps venu sceut que les Allemás
auoiét prins la ville d'Autun, pour
la foiblesse des murailles & de la
garnison: toutesfois il les contrai-
gnit bien tost d'en sortir, puis passa
par Auxerre, Troyes, Reims, &
s'en alla vers le Rhin, où il fit du
tout bien, chassa les Allemans, qui

auoient desia prins pied deçà la riuiere, & si reprint la ville de Coloigne. De tout le temps qu'il fit demeuré és Gaules, le païs fut assez soulagé: car lors qu'il y vint on y payoit vingt & cinq escus par teste,& quand il s'en alla suffisoit de sept. Il semble que l'imposition de ce tribut estoit du tout inégale, & la proportion mal obseruee. En ce temps là Saturnin Euesque d'Arles estoit de l'erreur Arrienne, grand factieux, homme de pouuoir & troublant grandement les Gaules. Hillaire d'autre part Euesque de Poictiers faisoit tout ce qu'il pouuoit pour la deffence de l'Eglise, & fit si bien que Saturnin, qui d'ailleurs estoit coulpable de plusieurs crimes, fust chassé. Côme Iulian estoit à Sens, & à Reims pour la guerre des Allemans,

Ammian Mar. liu.

lemans, Barbatio coronel de l'Infanterie au lieu de Siluanus, vint d'Italie auec cinq mille combatás au païs des Rauraques, pour tenir les Allemans entre-deux, lesquels tandis qu'on faisoit ces preparatiues vindrent à Lyon à telle heure qu'on n'y pensoit pas, & apres l'auoir pillée l'eussent bruslée sans que les aduenues leur furent fermées: Dont gastát tout au dehors la ville s'en retournerent: mais ils laisserent le butin par vn rencontre qu'ils eurent, & s'en allerent tous ensemble à l'aide, & intelligéce d'vn Coronel de gés de pied. Constantius à ces entrefaictes s'en alla de Millan à Rome pour son triomphe, qu'il fit auec son grand contentement: despuis il s'en despartit pour s'en aller en Allemaigne vers la Pannonie & Sarmacie,

I

qu'on dict or la Hongrie & Pollogne, & là tousiours trauaillé pour le faict des Arriens, il accorda vn Cocile, qui se tint apres en Arimi-ny. Doncques les vns & les autres faisoient la guerre, & sur tout Iulian, qui ores passoit les hyuers à Paris, ores à Treues, & tantost ailleurs, & y faisoit de belles ordonnances, tant pour descharger le peuple, que pour autres bonnes choses concernát l'estat: entre autres il rechercha & fit venir Numerius, qui peu auparauant auoit esté gouuerneur ou recteur de la Gaule Narbonnoise: mais il n'y eust aucune preuue contre luy: Dont Iulian mesme dict, qu'il ne suffisoit pas de l'auoir accusé en iugement de larrecin & pillage. Si bien que Constantius oyant le raport des beaux exploicts militaires

Ammian Marc. liu.

res & ordonnances politiques de Iulian, il en conceut vne extreme ialousie contre luy. Le Concile d'Ariminy se tint l'an apres, & dãs quelque temps vn autre à Constãtinople, où la conclusion fut pour les Arriens, à laquelle Vephilas Euesque des Gots presta consentemét, tant pour cõplaire à Valés, que pour obtenir les fins de sõ Ambassade, qu'il faisoit pour ceux de sa natiõ, ores qu'auparauãt il eust ensuiuy Theophile, qui comme Euesque des Gots, auoit assisté de son temps au Concile de Vienne, la doctrine duquel suiuoient aussi les Scytes, qui pour Valens ne chãgerẽt de religiõ. Car estant vn iour en la ville de Tours leur Metropolitaine sur le pont Euxin, il se fascha contre Vritannio leur Euesque, homme tresmagnanime & de

Niceph.li.11. chap. 2b.

Discours

bon sçauoir, & auquel comme à leur Euesque (ainsi qu'estoit l'ancienne coustume) iusques à ce iour là tous les païsans des Scites obeissoient: mais il n'en fut autre chose & Euesque & peuples, quoy que Valens eust rauit Britannio, & bien tost apres remis pour n'induire ses gens à reuolte & remuements demeurent Catholicques: & dés ce temps icy les Gots furent corrompus de la tache Arrienne, & pour estre mieux accommodez à la force, ceux de ceste nation demandát certain temps apres (ainsi que dit Paul Orose) des Euesques pour leur enseigner la foy Chrestienne, le mesme Empereur Valens leur manda des Euesques Arriens pour autant qu'il estoit Arrien. Cependant que ce Concile d'Ariminy se tenoit, le Roy de Perse attacquant

Paul Oros. lib. 7.

Nisible

Nisible & la Mesopotamie donna occasionn à Constantius (qui auparauãt auoit receu de luy de tres-superbes lettres) d'y conduire vne armee: pourquoy faire il escriuit à Iulian de luy mander certaines trouppes de gens de guerre, luy voulant aussi distraire d'autant de ses forces. A quoy Iulian consentit, marry toutesfois de ce que ses Soldats laissoient leurs maisons pour s'en aller delà les Alpes, & comme il estoit apres à rassembler gés & eust faict venir à soy le gouuerneur de Vienne pour luy aider, voicy que se trouuant à Paris, ainsi qu'il les vouloir haranguer és faux bourgs, afin de faire ce bon seruice à Constantius, tous se mirent à fremir auec vn cliquetis d'armes, & toute la nuict l'assiegerent à son Palais iusques à ce qu'il fust iour, auquel si tost qu'ils le virent, l'esleurét Empereur, le saluerent pour tel, le mirent sur vn pauois, & encor fut prononcé pour Empereur Auguste: comme aussi par deux autresfois en diuers endroicts: & ne trouuant dequoy le coronner prindrent la chaisne d'vn soldat, & la luy mirent en la teste en diademe. Il aduertit de tout cecy Constantius, qui luy rescriuit de Cappadoce, tenant par là sõ chemin en Perse, & luy persuadoit de se demettre de l'estat souuerain de l'Empire, & de se contenter d'estre Empereur esleu, & qu'on l'appellast Cæsar. Ces lettres receues & entendues par ses gens de guerre, Iulian fut encor confirmé de plustost, & ayant faict vn voyage vers les frontieres d'Allemaigne, il reuint au quartier des Rauraques,

ques, y recouura quelques places perdues, puis passa par Besançon, & de là descendit à Vienne, où faisant l'hyuer fut grandement en doute s'il deuoit chercher tous moyens pour venir en accord auec Constantius, ou bien s'il le deuoit trauailler à viue force. Auquel cas il estoit en bransle, ayant deuant ses yeux la vengeance exercee sur son frere Gallus: toutesfois se resolut de se declarer ennemy tout ouuertement, & afin qu'il attirast chacun à son party, il fit semblant d'estre de la religion Chrestiéne, & pour le faire mieux apparoistre le iour des Rois il fut à l'Eglise, & fit solemnellement à Dieu sa priere. De Viéne il retourna encor vers les marches d'Allemagne, où ayant passé & repassé le Rhin fit tout ce qu'il voulut, &

mesmes obtint pres d'Argentoral, (qu'on dict Strasbourg) vne grande victoire, à laquelle tous les Allemans ayant opiniastrement cōbattu, furent desfaits, & leur Roy Cenodomar faict prisonnier. Il mande par apres à Rome, il se porte encor ouuertemēt pour Empereur: puis ayant commandé son armee, print son chemin pardeuers la Pannonie, & s'en despartāt deuers les Rauraques au païs de Basle, il enuoya pour Gouuerneur en Gaule Saluste qu'il auoit auancé: & laissant la dissimulation de la religion Chrestienne se fit Pontife, & permit de celebrer les festes des gentils. Arriué qu'il fut en Pannonie il y pourueut de garnisons, & gouuernemēs, & entre autres, bailla la seconde Pannonie à Sex. Aur. Victor, homme consulaire,

laire, & qui a escript en l'histoire, & faict la vie des Cæsars. Cependant Constantius estoit tousiours en Perse, lequel entendant le progres de Iulian, s'en vint côtre luy: mais à son chemin il mourut de maladie à Mopuestis, ville de Cillicie au pied du grand Mont Taurus. Ainsi finirent les enfans de Constantin le grand, enséble toute sa famille, excepté Iulian qui restoit encor: Duquel auant que ie continue le progrez, ie mettray l'inscription qui fut faicte à ce grand Constantin auant qu'il eust receu (comme il est à voir) la foy Chrestienne; & telle se void encores en la ville de Vienne.

Discours

VIRTVTE FOR
TISSIMO ET PIE
TATE CLEMENTIS
SIMO. D. N. FL.
CONSTANTINO
MAXIMO ET
INVICT. AVG.

M. ALFIVS APRONIA
NVS VT P. P. FL. VIENAE
DEV. N. MA. Q. EIVS.

La mort de Constantius entendue par Iulian, s'en vint du païs de Dace en Constantinople, où tout aage & tout sexe auec grande resiouïssáce le receut pour Empereur: de ce qu'il deuoit paruenir à l'Empire luy fut faicte la prediction par

Am. Marcel. liu. 22.

Aprunculus Gallus l'Orateur, que depuis il fit gouuerneur ou recteur de ceste Gaule Narbonnoise. Ainsi ceste forme de gouuernement duroit depuis l'establissement de Auguste, ores que le tiltre de proconsul fust changé & qu'il continuast encor du temps de Seuere, ainsi qu'il appert par vn marbre estant à Rome au iardin de Carpy, auquel entre plusieurs autres grands tiltres. *L. Fab. Cilo. Septimanius* (qui estoit de la suitte de Seuere) est dict PROC. PROV. NARBON. & là mesmes vn autre, où se voit que du temps d'Alexandre, qui fut bien tost apres, C. Cæsarius entre ses tiltres est appellé QVAESTOR PROV. NARBON. Le questeur (ainsi que dit Ciceron, estoit comme le fils de præteur ou proconsul, aussi ne voit on on guieres qu'auec le gouuerneur de Prouince, encor aujourd'huy ne marche le Tresorier, & du téps du mesme Alexandre vn Iulian estoit procõsul de la prouince Narbonnoise : ainsi qu'appert de ce par son rescript ou loy du tout belle, qui se commance *Gracchus*, qu'õ lict dãs le Code au tiltre des Adulteres. Or de ce temps icy de Constantius ne se parloit gueres plus de Proconsul, pource qu'au peuple n'auoit resté aucune authorité, & long temps auparauant tout son pouuoir estoit transferé à l'Empereur, qui mettoit par les villes, & prouinces le Gouuerneur que bon luy sébloit. Iulian demeura quelques mois à Constantinople, où il disposa plusieurs affaires, entre autres restitua leur temple aux gétils en tout ce qu'il peut : il fut cõtraire

traire à l'estat des Chrestiens, & remit sus les suplices de Dioclétiã. Et ce fit il tant en Constantinople, qu'en son voyage de Perse, où ne demeura guères qu'il fut blessé d'vn coup de traict, ou de flesche: l'on ne sçait si ce fut par vn de ses gens ou de ses ennemis, dont il mourut. Ammian historien & soldat, & qui a escript d'vn style militaire, loüe grandement ce Prince: mais les historiens sacrez le blasment, & disent qu'en mourant il murmuroit contre nostre Seigneur Iésus Christ, s'escriant en ces paroles: *ô Gallileen tu as vaincu.* Cependant Saluste, lieutenant general des Gaules y commandoit tousiours, auquel & par toute l'Illirie on manda Procopius, vn des Secretaires, & le Coronel Menecorus, pour l'aduertir de la mort de

Sig. liu.7.

Discours
de Iulian, & comme Iouian estoit faict Empereur, portât aussi commandement que Maleduc, qui auoit charge en Italie allast en Gaule estre surintendant des armees, & succeder à Iouin, doncques Iouian qui estoit natif de Pannonie, & le premier des domesticques de la maison Imperialle, fut creé Empereur le lendemain de la mort de Iulian. Ce qu'il refusa d'accepter, pour ce qu'il disoit ne vouloir cômander à des gentils: mais ils commancerent tous à crier, qu'ils estoient Chrestiés: dont Iouian rappella tous les Euesques Catholicques que Iulian auoit banny, fit fermer les temples des gentils, & cesser leurs sacrifices sanglans. Dâs peu de temps apres les Ambassadeurs mandez en Occident rapporterent, côme l'armee des Gaules

les auoit aduoüé l'election de Iouian, & que Maleduc auoit refusé la surintendance ou maistrise à lui offerte. Valentinian estoit venu auec les Ambassadeurs, & luy fut baillé la charge de la secõde compagnie de ceux qu'on dit Escuyers, appellée ainsi pour vser d'vne certaine façon de pauois oud'escu. Iouian ne vescut gueres, ains fust trouué mort vne nuict, ne sçachãt si les murailles trop fraisches de la chãbre en auoient esté cause, ou si ce fust de trop manger. La gendarmerie apres auoir mis sur le rãg quelque autre eslut, en fin Valantinian, dont auons parlé, natif de Pannonie, lequel bien tost apres apella son frere Valens à soy, luy donna charge de sa caualerie, & puis le fit Empereur, & se l'associa. Vn mois apres passant
par

Discours

par la Thrace, vindrent en la Mesie, & là firent diuision de l'Empire des armees, & de leur chef. Tout l'Orient appartint à Valens: l'Illirie, & tout le reste tirant en Occident à Valentinian, lequel print auec luy Iouin, qui de long temps auoit esté faict Maistre ou surintendant és armees des Gaules, & print aussi d'Agalaif. Valens eut Victor, & Arinthene, & par mesme accord mespartirent leurs bádes. Ils firent aussi quatre Lieutenans generaux, qui s'appelloient, comme j'ay dict. P. F. Prætorio. Saluste en Oriet, Germain és Gaules, & Probus en Illirie, & Mamertin en Italie. Ce faict ils s'en reuindrent en Pannonie, dont Valens reprint son chemin à Constantinople, & Valantinian s'en vint és Gaules. De ces deux Valentinian

estoit

estoit Chrestien, & Valens Arrien, ayant esté corrompu de ceste opinion par Eudoxe Euesque de Constantinople, compagnõ d'Arrius. Cestuy donc s'en alla de Constantinople en Perse : & celuy vers Milan, dont il ne fut si tost à Paris, qu'il entendit que Procopius s'estoit esleué à Constantinople par la fureur du peuple, auquel tẽps les Gots (auec lesquels aucun n'auoit eu encor commerce ne praticque) se delibererent d'enuahir la Thrace. Auec iceux Procopius faict alliance, ainsi que depuis ils en representerent les lettres à Valens; ce qui tint l'vn & l'autre des freres en doute. Neantmoins Valentinian manda contre les Allemans, qui reuenoiẽt deuers le Rhin d'Agalaif, & luy mesmes fut iusques à Rome, puis s'en retourna à Paris,

K

où auec Gratian son fils il print le Consulat de ceste annee, & lors furent faicts des beaux exploicts contre les Allemans par Iouin, qui à ces fins y fust aussi enuoyé de Paris, où retournant l'Empereur luy fut au deuant, l'honnora de tout ce qu'il se peut, & fust l'allegresse d'autant plus grande, qu'ils receurent la teste de Procopius que Valens son frere luy manda. Valentinian eust aussi vn fils de sa femme Iustine, qui s'appella Valentinian, celuy qui depuis fut Empereur. Valens retourné de Perse, va du costé de la Mesie, & passe le Danube: mais pour ne trouuer à qui parler, ne sist autre chose: Valentiniā se treuuant à Amiens attainct d'vne dangereuse maladie, delibere d'esleuer à l'Empire son fils Gratian: ce qu'il fit, & furent tous deux

deux saluez Empereurs par la gendarmerie, & vsa Valentinian de ceste façon, qu'il mit son frere, & en apres son fils, à l'Empire tout à plein, sans que le seul nom de Cesar ny aucune eslection precedast: & ainsi en auoit vsé Marc Antonin à son frere ou parent, qu'il appella, & mit, comme i'ay dict, à l'Empire auec soy. En ce temps icy de Valentinian & de Valens y eust grand diuision à Rome: parce que Damassus & Vicissin voulurēt chacun estre Euesque, à quoy le gouuerneur de la ville eust prou peine de remedier: si qu'en vne petite Eglise s'en treuua de morts cent vingt sept, telles estoient desia les richesses, l'ambition, & la cupidité de ces Ecclesiastiques. Ce Damassus est celuy qui

Am. Marcellin. 27.

à escript le liure Pontifical de la vie des Papes & Euesques de Rome precedents, & fut son election en l'an 363. Valentinian s'en allant d'Amiens entendit qu'il y auoit eu remuement en la grand Bretaigne, dont y enuoya Theodose, vn grand Capitaine & le pere de celuy qui depuis fut Empereur, lequel ayant faict tout ce qu'il vouloit, s'en reuint és Gaules, & fut faict general de la Cauallerie au lieu de Iouin: & comme Valētinian allast en expeditiō de guerre, par la Gaule, il entendit que les Allemans venoient de par deça, contre lesquels auec Gratian son fils ils accoururent & passerent le Rhin. Ils les deffirent, puis s'en retournerēt passer l'hyuer à Treues. Tout l'Orient estoit alors en grād trouble, pour le faict de la religiō: mais

mais l'Occident en toute tranquilité. Toutesfois à Milan eut quelque esmeute, à quoy tint la main Sainct Ambroise, qui en aduertit Valentinian. Valens essayoit de chasser les Gots delà le fleuue du Danube, & Valentinian taschoit à ce que les Allemans ne vinssent tant troubler les Gaules: & à ceste occasion fit de bonnes forteresses tout le long du Rhin, depuis sa source iusques à sõ embouscheure, & entendant qu'ils se vouloient tousiours esmouuoir, aduisa de susciter contre eux les Bourguignons, qui se disoient estre de race Romaine, & estoient en dispute auec les autres à cause des Sabins: mais de cela ne sortit grand effect: dont ayant retiré leurs forces, & voyant par les finages de la Retie (qu'on dict aujourd'huy les Gri-

K 3

sons) Theodose leur courut apres, en deffit beaucoup, & manda les prisonniers par le commandement de l'Empereur en Italie, leur bailla quelque fertille cápagne és enuirons du Pau, & les fit tributaires. Or les Allemans, qu'on nomme proprement, & les Bourguignons estoient separez par vne contree qu'on appelloit Pallas, où estoient des limites de pierre posees à ces fins. Il est à croire que les Palatins, qu'on voit maintenāt en Allemaigne, viennent delà: ou plustost prouient leur nom & dignité des terres qu'ils tenoient releuant de l'Empereur, les Domesticques duquel de ce temps là des Constantins, des Valentinians & des autres s'appelloient Palatins, la cause en estant de la maison

Am. Marc. liu. 28.

maison Imperialle, comme i'ay dict en parlant du Palais d'Octauian Auguste. Valens estoit alors en la ville d'Antioche en quelque repos, horsmis pour le faict des Arriens. Valentinian pour la defection du Roy de Mauritanie, manda Theodose en Affrique, qui vint faire ses preparatifs en Arles, & de là se mit en Mer auec vn heureux succes, qui eut depuis de tels affaires. Son fils le ieune Theodose qui commançoit à picquer barbe (celuy qui fut comme nous dirons apres Empereur) fut d'autre part mandé par Valentinian contre les Sarmates, qu'il dompta par guerre, & les reduisit à luy demander pardon qu'il leur octroya: & Valentinian en personne ayant faict secrettement vn pont sur le Rhin, s'en alla contre

Macrion Roy des Allemans: mais voyant que ses gés l'auoient sauué par les montaignes, il brusla bien septante mils de païs, & puis s'en reuint à Treues. Il auoit aussi mandé forces contre les Cades, qui auoient passé le Danube, & venoient en Illirie, & vers Aquilée, & s'en falut de peu qu'en chemin ils ne prinssent la fille de Constantius, qu'on menoit à Gratian pour l'espouser, repaissant en vne petite maison sur les champs, si Messala gouuerneur de la prouince ne l'eust mise & sauuee dans la ville de Sierme. Comme Valentinian eut faict le gast en quelques quartiers d'Allemaigne, & qu'il eust basti vn fort pres de Basle, il receut nouuelles de Probus lieutenant general, comme les Cades & Sermates auoient rauagé toute l'Illirie,

Sierme

rie, dequoy estant estonné depescha Pastemon son secretaire, pour voir que c'estoit, & ayant entendu estre vray, delibere de s'en aller: mais auant son despart il voulut accorder auec Macian, dont i'ay parlé: & à ces fins le chascun estant bien accompagné, s'assemblerent pres de Mayence, où l'accord fut aresté. De là Valentinian s'en vint à Treues passer l'hyuer, & au Printemps suiuát y laissa Gratian, & s'en alla vers la Pannonie, auquel les Sarmates (contre qui il alloit) manderent au deuát, & d'eux eult tres bien sa raison. Il se iette en apres sur les Cades, les meit en fuitte par les montaignes, brusle leur païs, & emmeine prou de prisonniers, sans auoir aucun mal à son armee, & s'en va depuis à Brigetion ville de Pannonie, où les

K 5

Cades luy manderent Ambaſſadeur pour demander la paix, auec leſquels voulant alterquer il ſe mit en telle colere, que lors qu'il commançoit à ſe diſpoſer & adoucir, il perdit la voix & la force, & tout baigné de ſueur mortelle ſe laiſſoit tomber ſans que ſes ſeruiteurs le menerent en ſa chambre dans ſon lict, d'où il ne bougea qu'il ne fuſt mort, quelques vns diſent qu'il mourut d'apoplexie. L'Imperatrice Iuſtine ſa femme & Valentinian ſon fils aagé de dix ans, eſtoient en la ville de Murocinthe à cent milles de là. Les principaux de la Cour furent voir ce ieune Prince, & le creérent Empereur: ce que l'armee publicquemét aduoüa, enſemble Cerealis ſõ oncle au ſixieſme iour apres la mort de ſon pere, & ores que Gratiã entendant

tendant ceste election ne l'euſt à gré, toutesfois il la ratiffia, & luy delaiſſa l'Italie, l'Affrique, & l'Illirie, qui lors apartenoit à l'Empire d'Occident. Et comme Gratian paſſaſt tout ceſt an (qui eſtoit de de noſtre Seigneur 377) à la ville de Treues, pour auoir l'œil ſur les frontieres du Rhin, & Valens en Anthioche, à pourſuiure les Catholicques: Ainſi le ieune Valentinian paſſa ſon aage en Italie, & principallement à Millan auec ſa mere Iuſtine, laquelle infectee de la perfidie Arrienne, apres qu'elle fut hors du pouuoir de ſon mary, vomit tout ſon venin contre les Catholicques. Ces freres icy ne firent pour vn téps que ſe iouër à choſes propres à leur ieuneſſe, eſtant hors de tout ſoucy de guerre chacun en ſon quartier. En ce temps les Gots inquietez par les

Discours

Huns & Alains, delibererent de passer le Danube, & prendre pied en Thrace, qu'ils auoient inquieté quelque temps auparauant: & à des fins prierent Valens de les receuoir, & qu'ils prendroiét la foy Chrestienne, comme il luy plairroit, & par ce moyen luy promirét fidelité & aide, seruice en toutes ses guerres. Ce qu'il accepta, leur enuoyant des Euesques de l'opinion Arrienne, en laquelle les endoctrinerent, comme i'ay touché cy deuant, & les pasches escriptes leur permit de passer le fleuue: ce qu'ayant faict ils eurent plusieurs debats entre eux & difficultez auec les gouuerneurs Romains des Prouinces, en fin ils y planterent leur demeure. Ce qu'entendu par Valens qui estoit tousiours en Antioche, en aduertit Gratiá, & tous

deux

Sig. liu. 8.

deux manderent forces & chefs en Thrace pour faire guerre à ces Gots qui demeurerent les plus forts, horsmis que Frigeric vn des Capitaines de Gratian s'estant retiré en Illirie, & trouué quelques trouppes de Gots diuagans pour le rauage les vaincquit, & ayant tué Fænobus leur chef, les conduisist en Italie, les logea és enuirons de Modene, de Rege & de Palme, & leur bailla des champs pour cultiuer. Comme Gratian se preparoit pour aller vers la Thrace en suitte de ce que dessus, il eut nouuelles que les Allemans entendans son depart, & violans leur accord commancerent à renier, & se ietter aux frontieres, dont il fit rebrosser chemin aux legions qu'il mandoit en Panonnie, & auec autres qu'il s'estoit retenu

les

Discours

retenu les fit conduire par Mannienus & Meloboand, auſquels & au Roy des François, qui demeuroit en alliance, il donna charge de ceſte guerre, à laquelle ils ſe porterent ſi bien, que donnãt vne grande bataille à Argētieres, qu'on dict à preſant eſtre vn lieu qui eſt au Marquiſat appellé Horbourg, ils eurent la victoire, tuerent leur Roy, & tous les autres qui eſtoiēt en grand nombre: deſquels ſe ſauuerent cinq mille par les bois. Victor tient qu'en ceſte bataille y auoit trente mille Allemans deſfaicts. Auoir eu ceſte victoire Gratian, paſſant luy meſme le Rhin, vint encor deſſus, & ne ceſſa qu'il les contraigniſt à luy demander la paix: & dict on que de long temps n'y euſt telle deffaicte d'Allemans, ny tant illuſtre que ceſte cy. Apres

ces

Sex. Aur. Vi.

ces choses Gratian continua son chemin vers la Thrace, & en mesme temps Valens reuint de Syrie à Constantinople, où ne fust receu de fort bon cœur de ceux de la ville, d'autant que les Gots, qui auoient prins la Thrace, s'estoient efforcez de piller les faux-bours, sçachans bien qu'aucunes forces n'estoient dans la ville: delaquelle Constantius s'achemina en Thrace contre les Gots, qui entendant sa venuë se preparerent de toutes façons: leurs aduantcoureurs toutesfois (qui pillerent & rauagerent le païs) furēt desfaicts par les troupes que Valens auoit mis deuant. Ce pendant Gratian estoit arriué en Pannonie & porté par le Danube, descendit à Bolongne, de là à Sierme, & plus outre. Ce que entendu par Valens picque d'enuie
contre

contre Gratiã, & contre ces trouppes qu'il auoit mandé, comme i'ay dict auparauant, delibere de s'aduancer, & par quelques gens de pied & de cheual fit gaigner les pas & les destroicts, & Gratian lui fist entédre par Richamer & só premier maistre d'hostel, qui luy porta de lettres auec priere qu'il l'attendist, & qu'il ne se mist tout seul en tel danger: surquoy auoir ouy l'aduis de son conseil fut resolu de n'attandre Gratian auec les forces de Gaule, afin qu'vn autre ne fust participant de la victoire presque obtenue. Les Gots manderent plusieurs Ambassades à Valens, afin qu'il leur permist d'habiter la Thrace, & pour establir vne perpetuelle paix entre eux: & comme ces allees & venues se faisoient, & chacun se preparoit à charger

charger ses ennemis, les vns commancerét si tost sur les autres, que tout fut au combat, les trouppes de Valens s'esbranloient & fleschissoient: dont il fut en peine ; & quoy que plusieurs se missent en deuoir de le secourir auec grand danger, estant blessé d'vn coup de flesche, il ne se trouua depuis. Le bruict fut qu'auec bien peu de gés il se sauua dans vne petite maison champestre, & là fut enuironné, par quelques vns qui ne sçauoient qu'il estoit, & pour ce qu'ils n'y peurent entrer, ils y mirent le feu, dont maison & gens furent bruslez. L'on dict qu'à ceste guerre vindrent à Valens les Sarrazins qui firent bien, & tient on que Valens fut le premier des Empereurs qui introduisit les nations Barbares en Thrace, & que ce fust le

L

commencement de tous les maux, & en fin la subuersion de l'estat & Empire Romain. Gratian ayant entendu ceste deffaicte ne perdit courage, & tout ieune qu'il estoit, delibere de subuenir à la chose publicque, & auec celuy d'Occident soustenir celuy d'Orient, & considerant qu'il auoit faute de chef, il aduise estant à Sienne de mander au ieune Theodose, duquel nous auons parlé, homme illustre pour ses gestes & valleur, & du tout excellant, fust en guerre ou en paix, & lequel pour la faction de quelques vns, estoit comme en exil volontaire. D'Espagne où il habitoit, venu qu'il fust, Gratian luy faict remonstrances, & descouure sa volonté, & apres son honneste refus & remerciement il fut faict Empereur, & tel fust declaré pour
Empe-

Empereur mesmes. Ce fait Gratian *Paul Orose liu.7.* departist de Siene, s'ê vint de grãd vistesse par Venise, & par la Rhetie ou païs des Grisons en Gaule: pource qu'il auoit sceu que les Allemans auoient outrepassé leurs limites, & s'estoient iettez deça le Rhin, & comme il fut à Treues, Ausone Bourdelois, ce Poëte graue gentil, jadis son precepteur, & *Ausone.* qui ceste annee auoit esté faict par lui Consul, luy fit vne belle harangue, laquelle on a encor auiourd'huy par les mains. De là Gratian s'en alla contre les Allemans, les chassa des Gaules, & se porta vaillamment en ceste guerre: puis estant de retour à Treues il conferma quelques annees apres à la compagnie des Nautoniers l'ordre & dignité de Cheuallerie, que Constantin, & apres Iulian leur auoient donné. Theodose d'autre-part fit grande desconfiture des Gots. Valentinian pour le doute des Allemans, s'en alla vers Aquilee & la Pannonie, ensemble Iustine, & Ambroise Euesque de Millan, auec lequel elle estoit tousiours en picque à cause de la Religion: mais ils furent tost de retour d'Italie. Theodose s'associa son fils Arcadius à l'Empire, ores qu'il fust ieusne enfant. A ces entre faictes Clement Maximus Espagnol de nation (autresfois compagnon d'armes, du Prince Theodose) cõmandoit en la grand Bretaigne, où les gens de guerre firẽt quelque tumulte, & par crainte qu'ils en eurent de Gratian l'esleurent, & publierent Empereur: ce qu'il refusa au commencement: mais à la fin il accepta les ornemẽs

Impe-

Imperiaux, & aussi tost s'en vint à l'embouscheure du Rhin, où fut le bié venu par les garnisons. Gratian que entendit cecy, manda côtre luy quelques Alains qu'il tenoit en sa solde: Ce que les Romains ne prindrent de bône part, que ces Allemans fussent preferez à eux: dont plusieurs s'allerent rédre à Maximus, qui deffit bien tost ces Alains, & les autres abandonnerent Gratian, lequel esbahi de ce fait laisse Treues, où il estoit, & se retire à Paris: de là tout paoureux, print la fuitte auec trois cens cheuaux, & trouuant les portes fermees de toutes les villes de son chemin, vint arriuer à Lyon, où Maximus accourut, & ne pouuant rien par la force, moyenna qu'on fit entendre à Gratian que son espousee arriuoit en coche. Le ieune

Prince croyant facilement cet aduis, s'en va poussé d'amour au rencontre : dans ce coche auoit vn Andragatius, homme robuste & hazardeux, qui sentant venir Gratian, sort dehors auec quelques vns qui l'empoignerent, le print & le poignarda. Il n'appert que Gratian fut oncques plus outre en ce païs, pour auoir donné son nom à la ville de Grenoble, & changé celuy de Cubaro, qu'elle auoit auparauant; toutesfois il est à croire que de son temps & de Valentinian & Valens ses pere, & oncle, où l'vn d'eux que fut faicte quelque reparation publicque ou restauration de ville sous son nom, d'autant mieux receu, qu'il estoit tout aggreable & plein de bon heur, ainsi que se voit à Rome au pont, qu'on appelloit anciennement

nement de Cestius, & aujourd'hui de Sainct Barthelemy, qui est en l'Isle, où autresfois estoit le temple d'Aesculapius.

FL. VALENTINIANVS PIVS FOELIX MAX. VICTOR.
AC TRIVMPH. SEMPER AVGVSTVS PONTIF.
MAXIMVS GERM. MAX. ALAMAN. MAX. GOTHIC.
MAX. TRIB. POT. VII. IMP. VI. CONS. II. PPP. ET
FL. VALENS PIVS FOELIX MAX. VICTOR AC
TRIVMPH. SEMPER AVGVSTVS PON. TIF. MAXIMVS
GERM. MAX. ALAMAN. MAX. GOTHIC, MAX. TRIB.
POT. IMP. CONS. II. PPP. ET
FL. GRATIANVS PIVS FOELIX MAX. VICTOR. AC
TRIVMPH. SEMPER AVGVSTVS PONTIF. MAXIMVS
GERM. MAX. ALAMAN. MAX. GOTHIC. MAX. TRIB.
POT. IMP. CONS. PPP.
PONTEM FOELICIS NOMINIS GRATIANI IN VSVM
SENATVS AC POP. ROM. CONSTITVI DEDICARIQVE IVSSERVNT.

Ce qui rabat toute autre presomption ou deuination de nom: mesmes que quelque temps apres Gratian au despartement declaré par Leon Euesque de Rome, des Eglises ressortisans au Metropolitain de Vienne, est faicte mention de Grenoble dicte Gratianopolis, comme de Valance, de ceste cy de Die & autres, & ce fut incontinét apres le Concile de Calcedoine, tenu soubs l'Empereur Martion: & de ce temps là S. Augustin en ses liures de la Cité de Dieu, fait mention de la ville de Grenoble, & de la fontaine à feu qui n'en est gueres loing, voire du mesme temps de Gratian, Dominus Euesque de Grenoble, se treuua au Concile d'Aquilee, dont furent escriptes lettres aux Empereurs, Gratian, Valentinian, & Theodose. Estant donc

Du liure de Vienne.

S. Aug. de la Cité de Dieu liu. 7. ch. 20.

Tom. 1. des Concil.

donc Gratian mort Maximus, qui eſtoit Empereur, enſemble Victor ſon fils encores enfant, fait mourir quelques Cappitaines de Gratian. Cependant Valentinian ſçachant ceſte nouuelle tombe en grand ſoucy par crainte que Maximus ne fit de luy comme de ſon frere: par ainſi luy mande l'Eueſque Ambroiſe, homme de grand prudence & grauité, lequel oublia toutes choſes paſſees, & print volontiers ceſte charge: & ainſi que Maximus enuoyoit de ſon coſté, pour àuoir paix auec les deux Empereurs, afin de ſe mieux preparer en attandant & contre l'vn & contre l'autre, en fin apres le retour de Victor Ambaſſadeur de Maximus, Ambroiſe pour Valentinian conclud la paix auec luy. Theodoſe eſtant alors à Conſtan-

L 5

tinople eut lettres du Roy de Perse, & aussi de Maximus demandāt la paix. Il accorda à celuy, & permit à cestuy de se dire Empereur, & son compagnon. Alors eust Theodose vn fils, qu'on nomma Honorius, qui depuis tint l'Empire d'Occident. Maximus ayant mis toute la Gaule en asseurance fit le siege de son Empire la ville de Treues, & par le moyen d'vne armee, qu'il fit aller en Espagne, il l'adiousta facilemēt à sa domination. L'Euesque Ambroise faict encor voyage vers luy iusques à Treues, pour auoir le corps de Gratian de la part de Valantinian. Ce qu'il ne peut obtenir, & apres plusieurs propos s'en retourna sans rien faire. Il y auoit tousiours trouble en Italie, & aussi en a-
uoit

Historique. 86

uoit és Gaules, à cause de la Religion, & pour le faict des Arriens. Souz ce pretexte Maximus desirant d'estandre les terres de son obeissance, & d'enuahir l'Italie, escrit à Valentinian à ce qu'il se desportast de vexer les Catholicques, tant aimez, & honnorez par feu son pere. Valentinià luy rescript d'Italie où il estoit, & luy mande son domestique Dominius, le priant de continuer & refaire la paix. Maximus d'vne grande ruse faict entendre à cest Ambassadeur (apres l'auoir caressé de grands presents, & accordé la paix qu'il demandoit) comme les Barbares occupoient la Pannonie, & à son retour luy bailla forces, afin que Valentinian s'en aidast contre eux : & aussi tost qu'il sceust

sçeust que Dominius auoit passé les Monts, & estoit esloigné de quelques iournees, ayant laissé Victor son fils en Gaule, & enuoyé deuant quelques gens pour garder le païs, afin qu'aucun n'apportast l'aduertissement de sa venuë en Italie, il prent son chemin auec toutes ses trouppes, & le plus promptement qu'il peut trauerse tout ce païs, vint au dessus des Alpes Coctiénes ou Mont-genéure, & les ayāt passees sans empeschement, tend droict en Aquilee. Comme le bruict en arriua à Valentinian, il eust crainte de n'auoir dequoy resister, dont par l'aduis des siens ils'escoule, & auec Iustine sa mere monte sus vn nauire, s'en va tant viste que possible à Thessalonice, le priant de luy aider à conseruer l'Italie. Theodose
fasché

fasché de ceste nouuelle, en premier lieu remonstre à Valentiniã, qu'il estoit tombé en ceste calamité pource qu'il impugnoit la foy Catholique, qu'il deuoit garder & conseruer: apres il luy donna bon courage, auec promesse qu'il ne luy faudroit iamais. Ce pendant Maximus vient vers Aquilee, ioüit sás peine de la ville de Vicontmeur; toute l'Italie & l'Affrique se mirét en sa garde & puissance: comme il estoit vrayement tenu pour Empereur auec son fils, ils s'en lit encor (ainsi que dict Sigonius) l'inscription en vne Colonne qui est en vn mille de Bouloigne.

Sig. liu. 9.

D. D. N. N. MAG. C. MAX. ET FLA. VIC-
TORI PIIS FOELICIBVS.
SEMPER AVGVSTIS BONO R. P. NA-
TIS.

Ayant donc recouuert l'Italie il eſſaya d'amaſſer d'argent pour ſouſtenir vne ſi forte guerre, & en l'exigeant il deſchira du tout vilainement & miſerablement le peuple. Theodoſe eſmeu de la mort de Gratian & de l'indignité faicte à Valentinian, print les armes, aſſeura les frontieres du Leuant, & fit paix auec les circonuoiſins : outre ce toutes les nations Scitiques, pouſſez de ſa douceur luy vindrent preſanter en grand nombre toute aide & ſeruice. Par ainſi deſſouz les enſeignes Romaines alloit & reſpondoit pour ſon nom le Hum, le Goth, & l'Alain,

&

& les villes de Pannonie, qu'il auoit eu pour ennemis, faiſoient encor nombre en ſon armee. Il aduint en ces jours que Theodoſe en vne eſmotion de Theſſalonice apres auoir promis à certains Eueſques d'en vſer doucement, & que deſia chacun auoit oublié, à l'inſtigation malheureuſe de ſes domeſticques, ſe deſpart ie diray pluſtoſt d'vne laſche, que d'vne extréme puiſſance, enuers le peuple aſſemblé, dans vn theatre pour regarder les ieux, qu'il en fit tuer ſept mille hommes (voire innocens & qui n'auoient meſfaict) par quelques Soldats qu'à ces fins il employa. Cependant qu'il s'acheminoit à ſon expedition, Maximus s'en alla par la vallee de de Trente, qu'alors on difoit les Alpes Iulies, vers la Pannonie, où Theodofe auffi fe trouua: & là dónerent bataille, de forte que Maximus auec fes gés fut mis en fuitte, & reuint en Aquilee: plufieurs s'allerent rendre à Theodofe, & luy baifferent les enfeignes, qui de mefme viſteſſe le fuiuit, & mit le fiege deuant icelle ville. Adonc Maximus, confiderant le peu de forces qu'il auoit, fe defmit prefque de fa puiffance: ce qu'eſtant remarqué par fes gensd'armes, ils baillerent quelque argent à l'armee, le prindrent, luy deueſtirent fes habits Royaux, & le menerent à Theodofe tout attaché, lequel comme il vit, le tança terriblemét de ce qu'il auoit prins les armes: & Maximus luy refpondant que fous fon nom il auoit attiré les gens de guerre

Historique. 89

guerre: car autrement ne l'eust peu faire. Il se mist en telle collere qu'il en rougit tout de visage, neantmoins il ne le condemna à aucun supplice, & luy tint propos pleins de misericorde. Ce qu'aduisant ses seruiteurs, le luy osterent de deuant, & le menerent à trois mils de là, où luy trancherent la teste: Andragatius, qui auoit tué Gratian, entendant la fin de Maximus rodant par le sein Ionicque, & se pensant que s'il venoit au pouuoir de Theodose il vengeroit telle mort, se precipita de son nauire & finit sa vie dans la mer. Theodose ayant obtenu la victoire rendit à Valentinian l'Empire d'Italie, l'admonnesta qu'il ne creust plus sa mere, & qu'il sentist de la Trinité comme le Concile de Nicene auoit conclud, & fit venir son fils

M

Discours

Honorius à Milan. Tandis que ces choses se faisoient, Victor qui tenoit l'Empire en Gaule estoit pour sa ieunesse conduit par Nannien & Cuintin deux chefs de l'armee, lesquels alloient contre les François, qui desia passerent le Rhin, & donnerent grand frayeur à la ville de Coloigne: mais ils n'y firent rien qu'vne grand' perte. Valentinian se voyant iouïr de l'Italie, & Maximus estant mort, depesche Arbogast maistre (ainsi disoit-on) de sa gendarmerie, home de natio François ou Alain: car y a qu'il estoit Allemand, cotre Victor en Gaule, auquel à son premier abord il donna bataille, le print, le vainquit, & le tua. Les histoires ne disẽt, quelle part ce fust. Nannien & Cuintin furent ostez de leur charge: & Carieto & Sirus mis en leur place, qui bien tost dresserent

Gregoire de Tours, liu. 2. ch. 9.

armes contre les Allemans. Valentinian perdit en ce téps a mere Iustine par mort, & escriuit de Milan à Cõstantin, general des Gaule, toucharceux qui s'estoiét promeus en dignité militaire par l'octroy des deux tyrans. Il fut du depuis auec Theodose & Honorius à Rome, où ils entrerent en triõphe. Apres reuint Theodose à Milan, & là l'Euesque Ambroise le priua de la cõmunion des Chrestiens, luy deffedit l'entree de l'Eglise pour faire la Pasque, à cause de l'enorme forfait de Thessalonice. Mais au bout de sept ou huict mois apres vne grande penitence & contrition, il luy fut admis & receu. L'on tient communement ceste loy, que si par commandement du Prince, il faut faire vne vne vindicte, ou punir vn forfaict plus seuerement que de coustume, on doit differer

Discours
& de la sentence en execution, iusques à trente iours passez, auoir estre faicte à ceste occasion: mais ny la personne de Gratian, qui est l'vn des Autheurs, & qui long temps auparauant estoit mort, ny la date d'icelle ne s'y peuuét accorder. De là Theodose se retire en Grece auec son fils, & Valentinian és Gaules, où sçachant que les Barbares d'Allemaigne estoiét sur le poinct d'aller en Italie, soucieux de son repos laissa la Gaule tranquille, & prent son chemin à Vienne, d'où pretendoit passer les monts auec son appareil de guerre. Arbogast estoit à la suitte. Cestuy cy du téps de Gratian estoit apres Vanton le second en la militie, mais depuis son decés il s'vsurpa le premier lieu sans le commandement de Valentinian, doint par la faueur des gens de

de guerre (pource qu'il estoit assez expert, & fort puissant) il acquist de grandes richesses, & vsoit d'vne immoderee liberté enuers Valentinian, de sorte que ce qu'il ne vouloit (bien qu'il fust iuste) ne se faisoit pas, iusques à desguainer en s'alterant, l'espee contre Valentinian qui le vouloit desmettre, & luy bailler son congé par escript, respondit tout enflamé d'ire, qu'il ne luy auoit baillé le pouuoir, aussi ne le luy osteroit il, ainsi tombant en inimitié capitale auec l'Empereur, il luy dressa comme vn siege à Vienne, là dessus l'Euesque Ambroise y venant pour faire aller Valentinian en Italie, dequoy Valentinian estoit bien aise, comme de chose à luy fort opportune, estimant que Ambroise addouciroit cest homme violent par ses

Discours

bônes paroles, mais Arbogast s'acheminant à l'Empire, instituа les Eunuques valets de chãbre de Valentinian par telles promesses qu'il se treuua mort dãs sõlict, les autres disent qu'ẽ regardant vn tournois de sa fenestre ils le tuerent en sa chãbre, & sans qu'autre fust presãt l'estranglerent, luy laisserẽt au col le drappeau, cõme si luy mesme se l'eust fait, ou qu'il se fust pãdu: de quoy l'Euesque Ambroise, qui n'estoit venu si tost, fut aduerty ainsi qu'il eust passé les Alpes. Arbogast autheur de ce malefice, pour la barbarie & impieté commise, ne s'osa pas attribuer l'Empire, ains le défera cõme participant de son conseil à Eugene, lequel au commancement auoit esté maistre d'escolle, faisant profession de l'art oratoire: apres il eust gages en Cour, puis il fut Secretaire, de Secretaire

Paul Orose liu. 7.

Tresorier, en dernier lieu le Prince luy donna vne des Maistrises de son hostel. Ceste nouuelle vint en Italie, & Orient, de laquelle chacun fut merueilleusemét vlceré, & sur tous Theodose, d'auoir perdu l'Empereur, pour recouurer vn tel cópagnon. Le corps de Valétinian fut par ses sœurs faict porter à Milan, & à son enterremét l'Euesque Ambroise fit son oraison funebre. Tandis que cela se faisoit, Eugene mande vers Theodose, qui ne fit autre responce que perplexe & incertaine: Arbogast d'ailleurs ayát la Gaule paisible, poursuiuoit Sirus & Marcomir, Vice-Rois des François, vint à Coloigne, & passa le Rhin: mais aucun n'aparust que Marcomir, encores sus quelques costaux: l'annee apres 393. Eugene delibere d'occuper l'Italie, ne se

Gregoire de Tours liuré 2. chap. 9.

M 4

souuenant de la fin de Maximus, & auant que de partir alla vers le Rhin, s'asseurer des frontieres, auec ceux d'Allemaigne: Puis accompagné d'Arbogast print son chemin en Italie & vint à Milan, d'où l'Euesque Ambroise, estoit desparty, pour aller à Boloigne: comme ils furent à Milan, toute l'Italie fut en leur pouuoir, ceste annee mesme Theodose fit son fils Honorius Empereur, comme auparauant Arcadius son autre fils, & sçachant les nouuelles d'Eugene & d'Arbogast se resolut, d'accourir à cest embrasement: Dont à ces fins toute son armee fut mandée, pour se treuuer à Constantinople, où les Gots, les Alains, & les Huns ne faillirent: entre autres fut Stilicho, homme Vvandate, les autres disent Alain, & qui auoit

Sig. lin. 9.

prins en mariage Serene niepce de Theodose de par son frere: & des Gots le principal, & plus illustre chef fut Alaric, celuy qui print depuis la ville de Rome sur son despart: & sa femme Galla deceda, parquoy laissa Ruffin à Constantinople pour gouuerner ses enfans & sa maison, & auec ceste armee Theodose prend le chemin de Pánonie, qu'ores on dict la Hongrie, pour s'opposer à Eugene & Arbogast, lesquels s'acheminent vers Aquilee, cápent à trente mils pres, en vn lieu qu'on appelle Fleuuefroid, & mettent gens pour garder les pas des Alpes Iulies, ou du val de Trente, que Theodose à son arriuée gaigna bien tost côtre l'opinion de ses ennemis, & vint en la plaine, où tout incontinant il rangea son armee en bataille por-

tant l'enseigne de Christ, comme Eugene au contraire portoit celle d'Hercules: plusieurs troupes d'Eugene se vindrent ietter dans l'armee de Theodose, qui combattoit auec vne bonne querelle, & apres auoir fait sa priere, & Eugene auec grande esperance, & comme asseuré de la bataille, se ietterent au cóbat: en fin la force estant de la part de Theodose, Eugene & ses trouppes se mirent en fuitte: toutesfois estans rassemblez dans leurs tranchees, il dóna force presens à ceux qui s'estoient portez vaillammét: mais ce nonobstant plusieurs se vindrent rendre à Theodose, qui leur dict, qu'il les receuroit, pourueu qu'ils luy menassent vif Eugene: ce qu'ils firent. Auquel Theodose mit au deuant la mort de Valentinian, ses deportemens, &
se

se mocqua, qu'il auoit sa fiance à Hercules: puis luy fit trencher la teste: Arbogast, qui s'estoit sauué par les montagnes, sentant qu'on le cherchoit pour le faire mourir, dans deux iours apres il se tua soy mesmes. Theodose comme maistre de l'Empire d'Occident, aussi bien que d'Orient, s'en vint en Aquilee, & là fit venir son fils Honorius de Constantinople, & l'Euesque Ambroise de Milan, puis d'Aquilee ils s'en allerent à Rome, où Theodose ayant son fils auec luy triompha d'Eugene: mais peu de iours apres Theodose tôba malade, dôt il mourut. Icy ie pourray dire, que Côstantin premieremét, & Valens apres firent vne grande playe à leur estat & Empire, de ce qu'ils prindrent alliance auec les Barbares: mais Theodose l'acheua

Discours

de ce qu'il les employa, les introduisant en ses armées. Ie ne dis pas qu'on ne doiue auoir des Auxiliaires: mais quand c'est de si grandes nations & en tel nombre, vrayement il est perilleux, & faut si peu qu'on peut vser de l'estrangier, au moins pour le mettre dans son estat auec telles forces. Auant que mourir Theodose auoit faict son testament, & par iceluy laissé l'Orient à Arcadius, & l'Occident à Honorius, ausquels il constitua Tuteurs, Stilicho à Honorius, Ruffin à Arcadius: il deceda l'an soixante de son aage, dont Ruffin & Stilicho qui auoient Arcadius aagé de dix-neuf ans, & Honorius de dix, en leur pouuoir, prenans occasion sur ce bas aage, delibererent à l'enuy par tout genre de meschanceté à l'Empire, & se
prindrent

prindrent par ceste enuie l'vn l'autre en si grande haine, que pour se ruiner ils meslerent toutes choses Diuines & humaines. A ce les Barbares vindrent à se ioindre; mais d'vne telle insolence pour les dignitez militaires, qu'ils auoiẽt acquis au preiudice des anciens Romains, qu'ils sembloient ne seruir plus, mais dominer, ny attandre le gouuernemẽt des Empereurs, ains aspirer à leur fortune. Par ce Stilicho se disant auoir charge de l'vn & l'autre Prince & de leurs Empires, apres auoir asseuré les Gaules deuers le Rhin, & donné bon ordre en Italie, delibere de priuer entierement Ruffin de son administration, & à ces fins se prepare pour aller à Constantinople; ce qu'entendu par Ruffin luy dresse tous les retardemens qu'il peut, &

secret-

Discours
secrettement escript en Thrace, à Alaric pour le pousser & ietter en Grece, & pour mieux faire son ieu, mit des chefs asidez à luy tant au gouuernement de Grece, qu'au pas des Thermopiles, afin qu'ils ne fissent grand deffence contre Alaric : lequel appuyé sur ceste intelligence despart de Thrace, occupe la Macedoine, la Thessalie, les Thermopiles, la Beotie, & la Grece. Par ainsi Stilicho ayant encor faict paix du costé de la Retie ou païs des Grisons, auec les François & autres Allemans, s'en vint par mer auec l'armée que Theodose y auoit laissée, & autres troupes de Gaule, & d'Italie, aborder en Illirie, & au Peloponese: où se trouuant Alaric rassemble ses forces, & s'enuironne de tranchees, si que les vns & les autres furent
sur

sur le poinct de donner bataille, mais ils n'en vindrent aux effects. La cause en est dicte diuersement: comme qu'il soit, Stilicho voyant qu'il s'en falloit retourner, enuoye ceste armee de Theodose vers Arcadius, & fit entendre à Gaynes, qui en estoit general, ce qu'il vouloit que se fit de Ruffin. A ces entrefaictes on porta le corps de Theodose à Constátinople. Gaynes se mit donc premier pour aduertir Arcadius de la venuë de l'armee: au deuant de laquelle il alla d'vne grande affectió, & la receut fort gratieusement. Ce qu'estant faict, ses gens de guerre au signe que leur general leur fit, se iettèrêt sur Ruffin, qui estoit sorty auec Arcadius, & qui vouloit estre son compagnon à l'Empire. Là de plusieurs coups le massacrerent,
puis

puis luy trancherent la teste, & au
bout d'vne picque la porterent
par toute la ville, mais cestuy cy
ne fut si tost mort, que Eutropius l'Eunucque gaigna le haut
bout, & s'attaquât aux vns & aux
autres, se bande contre Stilicho,
& faict que le Senat d'Arcadius le
declare ennemy public, auec pro-
hibition & deffance de venir à
Constantinople. D'auantage par
le moyen de Gildon qui s'y trouue commandant à la gend'armerie Romaine, il osta l'Affrique de
l'Empire d'Occident. Ce qu'entendant Stilicho, s'essaya par toutes façons de la rebourrer. Cependant Honorius s'en alla de Milan
à Rome, où Machesel qui par les
embusches de son frere Gildon se
trouua surprins, s'enfuit d'Affrique
vers luy, donc auec l'authorité du
Senat

Senat (comme estoit la coustume) il fut dict que guerre estoit declarée côtre Gildon, de laquelle Machesel seroit côducteur, & le chef. En ceste annee mesme qui fut 397. Honorius reuint à Milan, & moururent deux grands personnages, Ambroise Euesque de Milan, & Martin Euesque de Tours. Ie parle nommément du dernier, parce que les François apres qu'ils eurêt fondé leur estat és Gaules ont compté tout vn long temps, leurs annees dés ce decez. Honorius print lors à femme Marie fille de Stilicho qu'il auoit fiancee quatre ans auparauant. Quant à la guerre d'Affrique, Gildon fut mis en fuitte, dont il se tua, & Machesel s'en retourna vainqueur en Italie, si que par ceste victoire la cherté du bled cessa par tout le païs, &

Sig. liu. 10.

N

Discours

mesmes à Rome. L'Affrique estant recouuerte à cest Empire d'Occidēt, Eutropius faisoit tousiours des siennes en Orient, & par vne infinité de moyens arrachoit argent des vns & des autres, vendoit la iustice, voire il exerçoit quelque commandement sur Arcadius: mais auec le temps par ses bons deportemens il fut priué de tout honneur, & apres banny, & en fin il eut la teste tranchee. Cōme Eutropius fut mort, Arcadius conuia Stilichon de prendre auec Aurelian son Lieutenant general, son Consulat d'Orient, ce qu'il fit, & outre ce, il y demeura quatre ans, dont retournant à Rome il fut receu de tout le peuple en grande resioüissance. Alaric cependant, qui cinq ans durant auoit laidement rauagé l'Empire, & la Grece,

prend

prend volonté d'enuahir l'Empire d'Occident: & pour y venir passa par la Dalmatie, & la Pannonie, & les courut toutes sás empeschement des Gouuerneurs d'Honorius, lequel estant à Rauenne, & entendant ces nouuelles, se douta grandement de l'Italie: parce il fit amas de toutes sortes de gens, voire des condamnez & bannis; & s'achemina vers Aquilee, afin de pouruoir à tout ce qui faisoit de besoin: où Alaric s'acheminoit tousiours auec son intention d'enuahir l'Italie, & de piller la ville de Rome. Et à ces fins il harangua les Gots, qui furent tres-aises de l'entendre, dont ils le firent non seulement leur chef & conducteur, mais aussi leur Roy, puis se mirent tous en deuoir de faire voyage, & de faict les Rethes ou Grisons se

N 2

ioignent auec eux, ils gaignent les pas des Alpes, & quoy qu'Actius vn des chefs d'Honorius sceust faire, ils descendirent au mois de Septembre par la vallcee au païs des Venitiens, dequoy toutes les villes d'Italie pensoient estre perdues, & mesmes Rome prinse, & chacun deliberoit se ietter és Isles de Corse, & de Sardaigne: toutes fois Stilicho les asseura. Et laissant Honorius à la ville d'Ast (où le vint assieger Alaric) apres auoir passé le Pau, s'en alla pour amasser gens par toutes les Alpes, & print encor toutes les garnisons des frontieres de Gaule & de la grand Bretaigne: de sorte qu'il fit vne armee presque aussi grāde que celle d'Alaric, & repassé qu'il eust les Alpes, assembla encor tout ce qu'il peut: puis estant en peine d'Honorius auec la plus part de son armee, trauersa par force, & s'en vint contre l'espoir de tous à luy. Dequoy Alaric fort esbahy se repentant d'auoir entreprins sur l'Italie, leue le siege, & s'achemine vers Polence, où Honorius & Stilicho le suiuet, & y font plusieurs exploicts: en fin ils donnent bataille, par laquelle les Gots sont mis en fuitte, & tout leur baguage perdu, & furent tous les prisonniers d'Italie recourus. Alaric ne fut suiuy, le laissant passer le Pau tout expres, afin de ne reuenir à nouuelles guerres, & fut faicte entre-eux quelque confederation: toutesfois voulant bien tost venir apres à autre bataille, Alaric fut contrainct de se sauuer tout seul auec son cheual: & encor voulant combattre aux Alpes où Stilicho se sauuoit, il fit en fin chemin, & s'en retourna sans gloire, & honeur la part d'où il estoit venu. Dequoy Stilicho ne fut sans blasme, pource qu'il l'auoit laissé eschaper lors qu'il le pouuoit prédre. Et telle fin eut la premiere venue des Barbares en Italie: Honorius & Stilicho firent apres leur triomphe de ceste victoire à Rome, estant tous deux en mesme charriot: & à ce triomphe Eucheus fils de Stilicho y fut tres-bien receu du peuple. On fit neantmoins paix auec Alaric par l'entremise de Stilicho, dont il laissa l'Illirie pour aller en Epire en l'Empire d'Arcadius: mais ces choses ne furent passees, que voicy Radagais, homme Scithe qui vint en Italie, delibere de l'enuahir, & de prendre Rome, ayant d'autāt plus de courage, qu'on auoit voulu faire paix

auec

auec Alaric: & assemble tant de peuple, & delà le Danube, & delà le Rhin, qu'il faict le nombre de deux cens mille, les autres disent de quatre cens mille hommes. Ce qu'entendu par Honorius s'en va parquer à Rauennes, contre lequel le Scithe & Payen Radagais (quoy que la Schitie eust receu le Christianisme, comme i'ay dict) descét par les Alpes Iulies au païs de Venise, où le conseil de Stylicho ne fut de l'attaquer: ains attádit qu'il fust és montagnes de la Toscane, & qu'il assiegast, comme il fit, la ville de Florence. Or auoit Stilicho outre les Italiens bonne trouppe d'Alains & de Huns, desquels estoient chefs Sarne & Hudini, & auec eux il chargea de telle façon, & auec vn tel heur les barbares, que sans perdre vn seul des

Paul Or. li. 7.

N 4

siens il mit par terre cent mille de
ces gens là, dont Radagais se retire
auec le demeurât de son armee és
cottaux de Fesules, où ne pouuoit
telle multitude subsister, tout desesperé
prét la fuitte à la desrobee,
tombe auec ses fils entre les mains
des gés de Stilicho, & tous atachez
furent tuez bié tost apres. Quant
à ceux de l'armee ils se rendirent
tous, si qu'ils furent vendus par
trouppes à vn escu pour teste: il est
vray que dans quelques iours apres
ils moururent tous, tant pour
la faim qu'ils auoient enduree, que
pour les viandes corrompues desquelles
ils auoient vsé: de ceste victoire
Stilicho rapporta grande
loüange, & à ceste cause luy dressa
on à Rome vne statuë d'argent
& de bronse, auec ceste inscription,
qui se trouue encor en vn
base

base de marbre, auquel la coronne superieure, & le nom de Stilicho défaillent, & c'est au palais de la Val.

VIRO BIS CONSVLI ORDINARIO
MAGISTRO VTRIVSQVE MILITIÆ
COMITI DOMESTICORVM
ET STABVLI SACRI ATQVE
AB INEVNTE AETATE PER
GRADVS CLARISSIMAE
MILITIAE AD COLVMEN REGIAE
ADFINITATIS EVECTO SOCIO
BELLORVM OMNIVM
ET VICTORIARVM ADFINI
ETIAM DIVI THEODOSII AVGVSTI.
ITEMQVE SOCERO
DOMINI NOSTRI HONORII AVGVSTI
POPVLVS ROMANVS
PRO SINGVLARI EIVS
CIRCA SE AMORE
ATQVE PROVIDENTIA
STATVAM EX AERE ARGENTOQVE
IN ROSTRIS AD MEMORIAM
GLORIAE SEMPITERNAE
CONLOCANDAM DECREVIT
EXEQVENTE IL. PISIDIO ROMVLO
V. C. PR. EF. VRBIS.

En celle annee qui fut de nostre Seigneur 406 fut la troisiesme innódation des nations septentrionnales en l'Empire d'Occident, par laquelle premieremét les Gaules, & apres l'Espagne, & en dernier lieu l'Affrique furent occupees & affligees de toutes calamitez: car comme Godigisit Roy des Vuanles, qui estoient en Scithie aux paluds Meotides, sceut que Radagais donnoit des affaires en Italie à Honorius, delibere d'enuahir la Gaule: ainsi sortant de la Scithie auec ses Vuandales & les Alains, print les Cades en Sarmatie, & les Vuandales encor, que Constantin auoit mis en Pannonie, & tousiours outre le Danube vint en Germanie, dont soit qu'ils eussent peur de luy, soit qu'ils fussent attirez par la proye & le butin, il emmeine en son armee les Marcomanes, les Hercules, & les Turcilinges, & les Sueues, les Allemans & les Saxons,

&

& les Bourguignons, que quelques vns tiennent estre venus de son païs auec lui, bié que Ammian côme i'ay touché, ne les mette guieres loing du Rhin, & vint à grandes iournees, sans que personne lui resistat, iusques au mesme fleuue du Rhin, où les François estoient, qui leur venans à l'encontre, essayoient d'empescher qu'ils ne passassent, soit pour garder l'alliance peu auparauant faicte auec Stilicho, soit qu'ils ne voulussent admettre au païs (auquel ils aspiroiét) tel nombre de gens: toutesfois estans surmôtez par la multitude furent côtraints de ceder. Ainsi ceste gráde armee de Vuandales ayant passé le Rhin le premier de Ianuier en l'an de nostre Seigneur 407. penetrerét tous dans la Gaule & occuperent deçà, tellement que malgré les

lieu-

lieutenans d'Honorius ils renuerserent la ville de Mayance, & mirent à mort plusieurs milliers de personnes, voire dans les Eglises. Ils forcerent par siege les Vangiens, qui sont les habitans de Vormes de se rendre, & pillerent la ville: ils rauagerent le païs de Spire, de Reims, d'Amiens, d'Arras, de Terouenne, de Tournay, & de Strabourg, qu'on disoit Argentoratum ou Argentins. Ceste calamité ne fut bien aduenue, qu'elle fust secondée en l'année mesme d'vne autre, comme dict Zosimus Comes; car ceux de la grand Bretaigne craignans les Vuandales, vindrent à defection de l'Empire, & s'eslisent vn Marcus par l'acclamation des gens-d'armes, lequel bien tost apres ils tuent, au lieu duquel eslisent Gratian, qu'au bout

Zosimi. Com. lib. 6.

bout de quatre mois ils tuent aussi: Puis ils viennent à creer vn Constantin plustost pour le bon presage de son nom, que pour aucun sien merite, lequel apres auoir estably pour chef, Nenigast & Iustinian aux gensdarmes Gaulois, & prins auec soy toutes les forces de la ieunesse de Bretaigne, s'en va aborder Boloigne, qu'il print & y fit venir les gens de guerre qui estoient en la Gaule Celtique, & Aquitaine, & mit en son pouuoir depuis ces peuples & ces prouinces de par deçà, tandis que les Vvandales mettoient à sac les contrees du Rhin. Parquoy se deffiant Limerius lieutenant general des Gaules, & Garband, Maistre de la gendarmerie, de pouuoir resister à la puissance de Constantin, se retirerent en Italie: de sorte qu'il sembloit

Discours

bloit posseder en asseurance tout iusques aux Alpes. Honorius estát à Rauenne, entendit ces affaires, dequoy incontinent aduertit Stilicho, qui estoit apres Arcadius, pour recouurer le païs d'Illirie, qui se retira tantost à Rome: où se rendit pareillement Honorius, & ayás ensemble conferé, fut resolu que Sarnes'en iroit és Gaules, auec vne forte armee. Les Vuandales d'autre part auoiét passé de la Gaule Belgicque en Aquitaine, où se faisoit vn terrible degast, enséble en Gascongne, en la prouince Lyonnoise, & en la Narbonnoise, que ces barbares auoient aussi reduict en ce miserable estat. Or Sarne, ayant faict chemin en cestuy nostre quartier, & venant aux mains auec Iustinian, vn des Capitaines de Constantin le deffit auec

vne

vne partie de son armee, & sçachant que Constantin s'estoit retiré dans la ville de Vallance assez forte pour sa deffence, l'y vient assieger: mais comme il sceut que Dobius de nation François, vn des Capitaines de Constantin, & aussi Gerontius venoit auec les siens de la grand Bretaigne pour le secourir, au bout de sept iours il leua le siege de Valence, & se retira vers les Alpes, où les capitaines de Cóstantin le suiuirét auec toutes leurs forces, dont à grand peine il se sauua, laissant tout son butin aux Bacandes, qui accouroient à luy, affin que par leur moyen il passast en Italie. Apres donc qu'il se fut sauué, Constantin mit de bonnes garnisons és pas de la val d'Aouste, des Alpes Coctiennes, au Montgenéure, & des Alpes Maritimes, qui

Discours

qui sont dés le col de l'Argentiere, qu'on dict auiourd'huy iusques à la mer: Et de faict outre ce que i'ay dict cy dessus de l'Archeuesque d'Embrun il y a telle consonnace, que Barcelonne (qui fut bastie plus de huict cens ans apres ce téps là) se tient & depéd encor de l'estat de Nice. Ie vous laisse à penser, Monseigneur, comme tout ce païs estoit alors trauaillé par ces diuerses armees & contraires partis, & s'il n'est à croire que lors ceste ville & autres de ces quartiers furent demolies. Ayant Constantin obtenu ceste victoire, s'achemine à Arles, où il assemble toutes ses forces, & comme il auoit faict és pas des Alpes, il mit encor garnison és frontieres du Rhin, puis fit venir vers luy son fils Constans, qui estoit moine, à ce contraint par les enne-

Iornandes liu. de la succession des rois & des temps.

ennemis de Constantin son pere & l'ayant faict sortir du cloistre, & faict Empereur esleu qu'on appelloit Cesar, luy commanda d'aller en Espagne, tant pour estendre les bornes de son Empire, que pour rompre le pouuoir des parens d'Honorius en celle prouince, à ce qu'ils n'eussent le moyen de luy nuire. Et de faict il leur dressa guerre, à laquelle ils luy resisterent fort, iusques à le mettre en danger de sa vie: toutesfois ils furent prins en fin par Costas, & par luy baillez en garde, & lesquels depuis côduits à Côstatin, on fit mourir par son commandement, comme sera touché cy dessoubs. Apres cecy Constans fut rappellé par son pere pour occuper l'Italie, vers lequel apres auoir mis bonnes gardes aux pas des Pyrennees, & laissé l'Espagne en la charge de Gerontius, il s'acheminа. Tádis que cela se passoit en Gaule & en Espagne, Honorius espousa Thermantia sœur de Madrie sa feu femme, & ce par l'entremise de sa mere Serene, femme de Stilicho, pour estre tousiours en grace & en credit enuers l'Empereur Honorius. Alaric d'ailleurs s'en estoit allé d'Illirie & Epyre à la priere d'Honorius, & d'Epire en Pannonie, d'où manda lettres à Stilicho, demandant argent pour s'estre departy d'Illirie : Stilicho ayant demeuré longs temps en Epyre, s'en va vers Honorius à Rome, luy communique tout cecy, & apres qu'ils eurent tenu conseil, à sa remonstrance l'argent demandé par Alaric luy fut enuoyé, bien que Lampadius, vn des Senateurs y contredit formellement. Cest argent receu la paix fust cõfirmee ; toutesfois Honorius en eust quelque soupçon, dôt il voulut aller à Rauenne voir son armee : ce que Stilicho ne treuua bon, & par ainsi fit que par le moyen de Sarne qu'il enuoya deuant s'esmeut quelque tumulte par la gendarmerie, où apres il alla. Comme donc Stilicho estoit à Rauenne, & Honorius à Boloigne, il vint nouuelles de la mort d'Arcadius, lesquelles ouurirent à Stilicho nouuelle occasion de nouueau conseil, qui le perdit entierement, & auec luy tout l'Empire d'Occident. Honorius sur cest aduertissement delibere d'aller à Constantinople pour assister le ieune Theodose son nepueu, que Arcadius auoit laissé pupil, & ranger tous ses affaires ; dequoy Stilicho, qu'Honorius auoit appellé à soy, le reprint, disant que c'estoit l'interest public qu'il demeurast en Italie, affin que Constantin qui auoit couru toute la Gaule, & qui regnoit lors à Arles, & Alaric delà les Alpes Noriques en paix, ne se iettassent à l'improuiste en Italie, & qu'il valloit mieux faire qu'Alaric allast auec ses trouppes, contre Constantin en Gaule, & luy vers Constantinople auec lettres & les legions d'Honorius, & là donneroit tout tel ordre que le besoing requerroit, cachãt par cela sa vraye intention, qui estoit de faire mourir ce ieune Theodose, & d'acquerir par ce moyen l'Empire de l'Orient à sõ fils Euchere. L'Empereur Honorius trouue bon cest aduis, & à ces fins despesche lettres à Theodose, & Alaric, puis s'en va vers le Thesin ou Pauie. Pres d'Honorius estoit lors Olimpius vn des plus signalez de ses gés de guerre, qui ayāt son aureille luy dit en son chemin que c'estoit de l'intention de Stilicho, & ainsi paruenu à Pauie, fit faire vne esmotion à l'armee: par ce quatre iours apres leur arriuée à Pauie, comme Honorius se monstroit à ses gens de guerre, Olimpius ayant donné le signal, ils commencerent si fort à se mutiner qu'ils tuerent plusieurs chefs, cōmme Limenius, jadis lieutenant general des Gaules, & Carioband preteur en ces lieux là : le maistre de la cauallerie, & le capitaine des gardes, & encores Honorius se sauuerent au palais. La ville fut ordement pillee, & ce tumulte ne peut estre appaisé auant qu'Honorius se monstrast en public sans diademe ou couronne. Comme Stilicho qui estoit à Boloigne eut l'aduertissement de tout cecy, & sceust qu'Honorius, qu'on disoit auoir esté tué, estoit en vie, ne voulut aller à Pauie pour faire punition des gens de guerre, suiuant son pouuoir, & auctorité (comme plusieurs luy conseilloient) d'autant qu'il les craignoit, & voyoit qu'Honorius n'alloit de bon pied enuers luy: mais il pensa de retourner à Rauenne, & ainsi que plusieurs de ses gendarmes luy donnassent aduis de se tenir en lieu d'asseurance, iusques à tant qu'il eust descouuert l'intention d'Honorius, voicy Sarne le plus apparât de tous les autres, qui par le moyé de quelques siens soldats ayant faict tuer lors qu'ils estoient en repos tous les Huns qui estoient cótinuellement à sa garde, s'approcha de sa tente: mais comme Stilicho

cho vit que les estrangers qu'il auoit auec luy s'entremeslerét, s'en allant à Rauenne deffendit aux villes de son passage, où leurs femmes & enfans estoient, de ne receuoir aucun de ces estrangers: & arriué qu'il fut à Rauenne, incontinent voicy lettres d'Honorius à l'armee mandees par Olimpius aux fins de prendre Stilicho, & de le tenir en garde. Dequoy Stilicho fort troublé, s'en va rendre la nuict au temple de salut, & lors qu'il fut iour les gensdarmes entrerent dedans, on afferme à l'Euesque, que l'Empereur n'auoit commandé de le tuer, mais de le saisir & garder. Là dessus arriuent autres lettres rendues par le mesme que les premieres, par lesquelles estoit cómandé que pour ses forfaicts enuers l'estat public la vie fust ostee à

Stilicho. Ainsi Euchere se mettant en fuitte, Stilicho, que ses seruiteurs vouloient deffendre, & lesquels ils destournerent de leur entreprinse, se presente luy mesme pour estre tué, grand personnage vrayement fut en guerre ou en son conseil, d'vn esprit vif, d'vne main prompte, bien aymé des Princes, mais plus aimé de la gendarmerie. Les vns disent qu'il fut tué pour ce qu'il auoit introduit les Vvandales en Gaule, les autres pour ce qu'il auoit trahy l'Italie és Gots. Apres la mort de Stilicho, Olimpius s'vsurpe l'office de maistre des officiers, voire il veut gouuerner & l'Empereur & la Cour à sa volonté. Honorius renuoye Thermantia priuée de ses habits Imperiaux à sa mere, il se faict chercher Euchere, & commande qu'on

Paul Oro. li. 7

qu'on le tuë: mais estát trouué dás vne Eglise à Rome, il se coule vers le païs d'Ancône, on dône la question fort roide aux familiers de Stilicho, & toute cette annee fut employée à proceder contre ceux qui luy auoiét adheré, & à son fils. Cependant les gens de guerre qui sceurent par les villes ceste mort, enuahirent les biens, femmes & enfans des estrangers & barbares, dequoy les parens des occis estant faschez laissent les Romains, se vont rendre à Alaric, & l'exhortét à leur faire nouuelle guerre, & furent de ces gens bien trente mille. Alaric voulut continuer la paix faicte auec Stilicho, demandant quelque argent, & qu'ils se baillassent hostages l'vn l'autre: mais Honorius enflé par les siens, n'y voulut entendre, respód fort hautement, faict preparatifs de guerre, & au lieu d'employer Sarne & ses semblables, il change de chefs & d'officiers, & prend de gens mal experimentez. Theodose estoit tousiours à Constantinople, & par la sagesse d'vne Pucelle, qui estoit Pulcheria sa sœur, l'Empire d'Orient estoit bien regi, & ce ieune Prince nourry en toute vertu. Honorius & luy s'entreuirent, & resolurent de mettre garnison en toutes les frontieres, contre la venuë des Barbares: ce qui ne peut resister à la part d'Honorius contre Alaric, pource qu'il appelle à soy Ataulphe son beau frere, qui estoit en Pannonie, & se resentant de la victoire qu'Honorius auoit euë sur luy, & du mespris qui s'en estoit ensuiuy, auec ce que de la mort de Stilicho, Honorius n'auoit

Iournand li. des choses Got.

noit ny grand chef, ny grandes forces, joinct que le desir de l'Italie, & de Rome l'y poussoit entierement, il gaigne les pas des Alpes, descend en Italie, & sans resistence vient iusques au Pau, qu'il passe, tendant à Rauenne, de laquelle n'estant gueres loing, il escript à Honorius, luy demande la paix, & terre pour habiter en Italie, auec toute aide & seruice, que moyennant ce luy presente. Honorius bien qu'il sentist foible: toutesfois se confiãt à la forteresse de Rauenne, & aux forces qu'il attendoit d'Orient, lesquelles il auoit ja mandé querir du viuant de Stilicho, parle fort gros, & fit responce qu'Alaric se souuint de son premier voyage, & qu'il ne pouuoit rien bailler de ce qu'il demandoit. Apres tous ces discours
Alaric

Discours

Alaric suiuant le chemin de Rome: auquel du costé d'Ancome il pensa treuuer Euchere: mais peu auparauant deux Eunuques l'auoient conduict à Rome, & là faict mourir par le cōmandement d'Honorius, en récompence dequoy il fit que l'vn tenoit le premier lieu apres luy, & fit l'autre premier Gentilhomme de sa chābre, & si donna le gouuernement d'Affrique à Heracleon, qui estoit de sa suitte & maison pour auoir tué Stilichon. Estant Alaric arriué pres de Rome, il enuironne de toutes parts la ville, & l'assiege, dōt s'esmeut grand tumulte dedans, & plusieurs mesmes des serfs & estrangiers sortirent pour se rendre aux Gots, & des Senateurs ceux qui estoient encor payens retournerent à leur vieille fable, & insisterent

sterent à ce qu'on laissast l'exercice Chrestien, & seruice Diuin, & qu'on se retirast aux sacrifices & immolations. Au surplus les Romains supporterent constamment pour quelques iours le siege, mais s'estans retranchez de leurs veilles, & voyant qu'aucun secours ne venoit, joinct que la pestilence s'y engendroit bien fort, le Senat mande Ambassadeurs à Alaric, lequel comme il entendit que le menu peuple vouloit venir au cõbat, auec vne grande risee fit ceste responce, que quand le foin est espois, il se fauche mieux que quád il est clair & rare, & que s'ils vouloient la paix, il leur faudroit bailler tout leur or & leur argent, & tout ce qui estoit de noble dans la ville : auquel estant demandé qu'il leur resteroit, il leur respondit

dit qu'il leur lairroit les Ames: dôt les Romains voyant tout estre deploré, se retournerent à l'aide ancienne de leurs Dieux, par lesquels ils disoient auoir esté souuentesfois conseruez. Le peuple neantmoins contrarioit fort au Senat, qui sacrifioit au Capitole, & croyoit que c'estoit plus vn sacrilege qu'vn sacrifice, ou chose vrayement sacree. Que diray-ie plus? Ils firent encor plusieurs allees & venues vers Alaric, & vers Honorius: en fin il fut conclud qu'Alaric auroit argent & hostages, & par ce laissa Rome, & s'en alla vers la Toscane. En ce mesme temps Constantin qui se portoit pour Empereur en ces quartiers de Gaule: mande Ambassadeurs à Honorius, luy demande pardon, de ce qu'il auoit prins les ha-

habits & ornemens Impériaux, pource qu'il auoit esté contrainct de ce faire par les gens de guerre. Ce qu'entendu par Honorius, afin qu'il n'eust deux fortes guerres à la fois, & qu'il sauuast ses deux parés que Constantin n'auoit faict encor' mourir, approuua tellement son faict, qu'il luy manda la robbe Imperialle. Ainsi tout enflé de cecy Honorius, mit à nonchaloir de faire paix auec Alaric, lui mander hostages & autres choses promises par leurs conuentions, ores que le Senat l'en priast bien fort: dont induit à ce par Olimpius il enuoye six mille Dalmates en garnison à Rome, conduicts par le mesme Olimpius, mande encor quelque caualerie contre Ataulphe, qui auoit passé les Alpes, afin qu'il ne se joignist auec Alaric, &

y

y eust quelque deffaicte de cinq cens Gots. Parmy toutes ces choses, Olimpius fut accusé par deux Eunucques, dont il fut privé de sa dignité, & fit sa retraitte en Dalmatie: & outre ce eut à Rome plusieurs changemens d'officiers, tant à la ville qu'à l'armee, & en la Cour: surquoy Iouinus gaigna le premier rang entre tous, & se vouloit mesler de faire paix: mais cela ne seruit que d'altercation entre Honorius & Alaric, lequel sur le point qu'il estoit de retourner à Rome, escriuit à Honorius par quelque Euesque, afin de l'exhorter qu'il ne laissast perdre celle ville qui l'espace de mille ans auoit commandé à la pluspart de la terre: qu'il ne la meit à la mercy des Barbares, ny au danger d'estre bruslee, estans de grandes masses de pierre,

pierre, & superbes edifices ruinez bas: qu'il eust esgard à soy, à la plus grãde ville du mõde: qu'il cõsiderast cõme le païs de Venise ne luy toit plus demandé pour habiter: mais seulement quelque somme de deniers, & les deux Noricques ou païs de Noremberg. Desquelles remonstrances Honorius ne tenant compte, & refusant ces conditions, Alaric prent son chemin à Rome, resolu de n'en bouger qu'il ne l'eust contrainct par famine de se rendre. En ces mesmes iours Constantin enuoye encor vers Honorius vn Ambassadeur nommé Iouius, pour s'excuser enuers luy, comme ses deux parẽs auoient esté tuez contre sa volonté. Ce qu'entendu par luy fut estrangement esmeu de colere, dequoy Iouius ayant peur ad-

P

Discours

ioustaà son dire, qu'il feroit bien d'oublier le mal talent qu'il pourroit auoir contre Constantin: car s'il luy parloit vne fois, & retournoit en Gaule, il reuiendroit si fort pour son seruice, qu'auec toutes les troupes de Gaule, d'Espagne, & de la grand Bretaigne, il apporteroit vne aide salutaire à à luy, à l'Italie, & en la ville de Rome: & ainsi fut congedié. Paruenu que fut Alaric aux quartiers de Rome: ayant faict venir à soy des habitans, leur remõstre le tort qu'Honorius auoit d'eux, & qu'il seroit bon de conferer ensemble. Le Senat entend cecy, qui voyant qu'il n'y auoit guieres de grains, ny moyen d'en auoir, se met au pouuoir d'Alaric, l'appelle auec ses Ambassadeurs, & luy baille pour hostage & gaige de sa foy

Paul Oros. liu.7.
Sigon. liu.10.

foy, Placidie, sœur d'Honorius qu'il auoit demandée. Ce faict Alaric commanda qu'Attalus gouuerneur de la ville fust orné des habits Imperiaux, & assis au throsne Imperial. Ce qu'il fit, & se mit Attalus à faire tout ce qu'il pouuoit pour l'establissement de son Empire, & dispose des affaires tant militaires, que ciuils: apres il sortit de Rome, pour auec Alaric assieger Honorius à Rauenne: qui le sçachāt māde à ce nouueau Empereur, Ambassadeurs en Ariminy, pour luy faire entendre que s'il laissoit ceste folie qui le menoit, il le receuroit pour compagnon, & à bon escient luy feroit part de l'Empire: mais Attalus luy respondit, qu'il ne vouloit point de compagnon, & qu'il s'en allast se retirer en quelque Isle ou autre part. Ce pendant qu'Hono-

P 2

rius estoit agité de diuerses pésees, voicy que six legiõs, faisans 40. mil hommes (ja de long temps par luy attédues) arriuent d'Orient, parquoy se resolut de tenir bon à Rauenne. Attalus sçachant que celuy qu'il auoit enuoyé pour commander de sa part en Affricque auoit esté tué par Heracleon, y mande gens auec argêt pour soustenir son party. Alaric marry de ce traict, cõmence à perdre esperáce qu'Attalus pour sa bestise fust propre à conduire si grandes affaires, laisse le siege de Rauenne, s'en va par tout le Boulonnois, & autres lieux de ce quartier là, prend tousiours villes, & vient deçà le Pau. Là dessus Honorius despeche à la grand Bretaigne pour en retirer aide & secours, & pour auoir tousiours le cœur des gens de guerre, leur donne argêt que Heracleon luy auoit faict tenir. En ce mesme têps Constans fut enuoyé par Cóstantin só pere en Espagne, emmena auec lui Iustus pour son Lieutenát: dequoy Gerontius offencé à l'aide de la gédarmerie, eslit Empereur vn Maximus, qui le suiuoit, & luy dóna les habits Imperiaux au païs d'Arragon, ensêble sollicita contre Constantin. Les Vvandales qui estoiét en Gaule: d'autre part (comme dit Frigeric) les François, à ce poussez par la feneantise de Constátin, qui ioüissoit de la pluspart des Gaules, passent le Rhin, se iettent en païs, & auec plusieurs autres pillent la ville de Treues, pour lors Capitale de l'Empire. Ce que les Vvandales ayant sceu tournerent face vers le Rhin, & monstrerent qu'ils se vouloient bien opposer. Les François voyant que Respandial Roy des Allemans rebroussoit

chemin delà le Rhin, & que Gocer s'en departoit aussi pour se ietter auec les Romains, donnent si fort sur ces Vvndales, qu'auec Godigisit leur Roy ils en tuent vingt mille, comme ils sseuet tout le surplus sans l'aide des Alains qui leur vint tant à point. Les Vvandales donc, Alains, & Sueues estans rompus de la façon, afin de ne combattre vne autre fois auec les François, ayant esleu Roy Gonderic fils du deffunt Godigisit, resolurent de laisser la Gaule, & venus qu'ils sont aux Monts Pyrennees, & les garnisons que Constantin auoit mis au pas ioinctes à eux, passent en Espagne, surprenent les gouuerneurs, & capitaines Romains, & mettent le païs en leur pouuoir & subjection. Les Fraçois peut estre pour alliance qu'ils auoient auec les Romains,
repassent

repassent le Rhin. Delà vient que les Bourguignons auec vne partie des Alains demeurerent de deçà. L'on tient que ce passage des Vvandales en Espaigne fut le premier iour d'Octobre 409. La ville de Rome estoit cependant en necessité, pource que Heracleo gouuerneur d'Affrique sçachant l'estat d'Honorius auoit fermé les portes à toute traicte; si que la famine fut telle qu'on dict quelques meres y auoir mangé leurs enfans. Attalus neantmoins y retourne sans Alaric, & auec le Senat mit en deliberation de mander en Affrique gés de guerre, pour ouurir le nauigage, mais cela n'eut effect. Alaric cognoissant qu'Attalus ne luy pourroit tenir promesse, retourne de rechef à Honorius, auquel promit d'oster à Attalus son Empire. Ainsi

P 4

Discours

sans difficulté il obtint ce qu'il demandoit: puis il oste hors la ville, à la veuë des siens les marques & habits Imperiaux à Attalus, lesquels il envoya à Honorius: il pardonna toutesfois aux capitaines & chefs, qui vouloient poser le baudrier, & trouva bon qu'ils continuassent en leurs honneurs & charges. Alaric retint neantmoins Attalus & Ampelus son fils pres de soy, jusqu'à tant que pour vne paix faicte auec Honorius, il eust pourchassé leur asseurance. Apres laissant son armée vers la ville de Rome, s'achemina à Honorius, qui tousiours estoit à Rauenne, & en vn lieu des Alpes distant soixante milles d'icelle ville, ils font paix & confederation ensemble, à ces conditions, qu'Alaric seroit cōpaignon d'Honorius, & qu'il iroit en Gaule, pour

y

y prendre pied auec les siés, & faire la guerre aux ennemis d'Honorius. De ceste paix les Payens & Arriés furét tres-marris, pour ce qu'ils esperoiét d'obtenir d'Attalus (qui estoit Arrien) tout ce qu'ils voudroiét. Or Sarne, qui n'auoit suiuy le party d'Honorius, ny d'Alaric, estát vers le païs d'Anconne auec trois cens estrágers qu'il auoit, dóna tellemét sur Ataulphe son capital ennemy, qui estoit en ces quartiers là, qu'il blessa plusieurs de ses Gots, puis se retira vers Honorius: dequoy Alaric fut si marry, que dissimulant son mal talent s'en va droit à son armee vers le quartier de Rome, & par intelligence print la ville, & la mit en son pouuoir: dans laquelle ne fut si tost, qu'il fit publier à son dé trópe qu'aucun n'eust à tuer, ny aussi à prendre les choses sacrees, estoit-il bien permis de s'emparer de tous les autres biens de fortune des citoyens: fit aussi prohiber qu'aucun ne touchast à ceux qui se retireroient à l'Eglise sainct Pierre, où tout aussi tost les habitans se ietterent, y portans tout ce qu'ils peurent. Innocent Euesque de Rome n'y estoit pour lors, ains à Rauenne auec Honorius. Ie vous laisse à penser quel mesnage firent les Gots en celle ville, estant encor en son entier, & auoit eu toute la despoüille du monde. Entre autres tous les vases & thresors du Temple de Salomon, que Tite auoit aporté de la prinse de Ierusalem, y furent pillez, & lesquels, comme dict Procopius, furent encor trouuez à Carcassonne ville de ceste Prouince Narbonnoise, lors qu'elle

Procopius de la guerre des Gots, liu. 1.

fut deliurée par Theodoric du siege des François par luy appellez Germains. Le respect que les Gots eurent à tant d'Eglises, personnes & choses sacrees ne se peut dire, & les bastimens & edifices ne furent point ruinez. Apres toutes ces choses, Alaric fit le premier iour apparoistre Attalus en habit Imperial, le second, le fit voir par derision au peuple comme d'vn particulier, & le troisiesme tout plein & chargé de richesses, auec les siens s'en departit menant auec soy Placidia, laquelle il tenoit en tout honneur & reuerence. Les habitans qui s'estoient retirez à sainct Pierre retournerét dans leurs maisons, lesquelles ils treuuerent bien vuides de tous meubles, au reste tout entier, & bié tost eurent mis sa premiere face à
la

Discours

la ville. Plusieurs attribuoient la cause de ceste prinse & desolation de Rome à la religion Chrestienne, d'où S. Augustin a prins occasion d'escrire contre eux, & faire les beaux & doctes liures de la cité de Dieu. Alaric apres la prinse de Rome rauagea l'Italie iusqu'en Calabre. Honorius estoit tousiours à Rauenne bien esbahy de tel succez, & en peine quelle part il iroit pour fuir la fureur d'Alaric. D'ailleurs Constantin auoit en ce nostre païs declaré Constans son fils, tout à plein Empereur, qu'on disoit Auguste, & auoit osté la lieutenance generalle à Apolmar pour la bailler à vn autre: dont esleué d'vne esperace vaine d'occuper l'Italie par le moyen d'Ellolus vn des gouuerneurs d'Honorius, il passa les Alpes, mais comme il fut arriué à Veronne,

S. Augustin de la cité de Dieu.

Historique. 119

ne,il entédit la mort de son hóme, qui fut cause qu'auec son armee il rebroussa chemin. Ce qu'entendu par Honorius, qui lors estoit à cheual, incontinent il met pied à terre & rend graces à Dieu, de ce qu'il l'auoit deliuré de ceste embusche domestique. Comme Alaric estoit en Calabre, & eut essayé de passer en Scicile (ce qu'il eust fait sans la tourméte) il tombe en maladie, de laquelle il mourut, dequoy les Gots furét du tout esbahis & desplaisás, & firét la sepulture en lieu qu'il ne se peut trouuer : car ils destournerent le fleuue de Voncento, & au milieu du canal enterrerét le corps auec beaucoup de richesses, puis ils retournerent le cours de l'eau. Apres ce ils esleurent Ataulphe frere de la féme d'Alaric, & le firent leur Roy: lequel print à féme Placidia sœur d'Honorius, princesse de grád' beauté & du tout prudente, & accompagnee de bónes mœurs. Puis delibere s'en aller à Rome en intention d'y habiter, & au lieu de Rome l'appeller Gothie, desireux outrageusement d'effacer le nom Romain: mais ce dessein fut rompu par les remonstrances de Placidia, qu'il croyoit entierement, & à laquelle il accordoit toutes choses, & se resolut de demeurer aux conuentions qu'Alaric auoit fait auec Honorius, & d'aller en Gaule. Durant ces choses Honorius vint à Rome auec l'Euesque Innocent, & là mit toute sa pensee à chasser Cóstantin de ce païs icy, & de toute la Gaule, & à ces fins il cree general de toute son armee, tant de pied que de cheual, Constantius homme de grand maison, & des premiers de Rome, & qui de conseil

&

& tout exploit militaire surpassoit tout autre: ce faict il s'en va sur le passage d'Ataulphe, qu'il estimoit homme fort incertain, bien que son alié, & s'achemine droict à Rauenne pour la conseruation de la ville, aupres de laquelle passoit Ataulphe, fit nopces auec Placidia, Iornandes dict, que ce fut à Forlif, où ne faillit Honorius so frere à se treuuer. En ce mesme temps Gerontius vint d'Espagne auec bonnes forces contre Constantin, lequel sçachant ceste venuë, commanda à son fils Constans de s'arrester à Vienne, & là se tenir fort, & despescher par mesme moyē Eudobec vn de ses Capitaines pour tirer forces des François & Alains. Gerontius auoit passé les monts Pyrennees, vint premierement à Vienne, & l'assiegea

Iornand des choses Got.

l'assiegea fort rudement, si qu'il en jouit bien tost, & mit Constans en son pouuoir, puis le fit mourir. De là conduisant son armee vers Arles, assiegea Constantin, où bien tost suruint Constantius de la part d'Honorius, qui dresse pareillement le siege. Ce que voyant les gens de Gerontius, le quittét pour aller à autre, dont il fut contraint de s'enfuir auec peu de cõpagnie en Espagne. Ainsi Constantius cõtinue le siege d'Arles que Gerontius auoit commancé: là comme il entendit qu'Eudobech venoit auec grande trouppes des François & Allemans, ne douta point d'aller au deuant: par ainsi despescha Vrphilas, vn de ses Gouuerneurs auec bonnes compagnies, & il le suiuit aussi bien accompagné, comme il l'auoit resolu. Vrphilas embus-

embusches sur le chemin, & laisse
passer Eudobech, & toute son armee: ainsi se trouuant entre deux,
Constantius se presente au deuát, & Vlphilas se trouue en queuë,
& à bon marché les taillerent tous
en pieces. Eudobech qui s'en estoit
fuy eut la teste trenchée par son
hoste, à qui s'estoit rendu pour le
sauuer, & la porta à Constantius;
on ne dict en quel lieu ceste deffaite aduint. Constantin ayant entendu ceste mauuaise nouuelle, &
qui auoit enduré le siege quatre
mois, se desmeit de l'Empire, entre
dans le temple, & pour sa tuition
& deffence prend l'ordre de prestrise; à quoy se voyans reduits les
habitans d'Arles apres auoir eu
promesse & serment de Constantius qu'ils n'auroient aucun mal,
luy ouurirent les portes, & le re-

Q

ceurent dans la ville, où côme il fut entré, se saisit de Constantin & de Iulian son autre fils, qu'il fit mener à Honorius, qui comme il le sceut, manda quelques siens satelites au deuant, lesquels pres le fleuue de Muice luy trancherent la teste. La ieunesse de la grand Bretaigne, qui s'en estoit venue auec Constantin ayant esté affligee de diuers euenemés, n'y retourna, dôt par apres ce païs fut souz l'Empire Romain. Au reste ce qui aduâça la composition & reddition d'Arles, fut que les Auuergnaes esleurent Iouin, homme de grand noblesse & pouuoir, qui en assemblee generale du peuple print les habits Imperiaux, & ayant appellé les François, Bourguignons, & Allemans, se porte pour ennemy & aduersaire de Côstantius. Si tost que Geronuius fut

arriué

arriué en Espagne, il fut assiegé
par ses gens de guerre en sa maison, où fut reduit à tel desespoir,
qu'ayant tué l'vn de ses familiers
de sa femme, il se tua luy mesme
d'vn coup de cousteau dans la poictrine. Les Vvandales, Alains &
Sueues faisoient tout à plaisir delà
les Monts Pyrennees, & Maximus le tyran exerçoit son Empire
en l'Espagne Citerieure. L'an suiuant, qui estoit quatre cens douze, Theodose estant à Constantinople aagé de onze ans eust le
Consulat auec Honorius, &
alors Ataulphe auec toute son
armee des Gots laisse l'Italie &
vient en Gaule, suiuant l'accord faict auec luy, & auparauant auec Alaric, & par la
permission qu'aussi Constantius

luy donna passage, par ce païs, pose son siege à Narbonne, & loge ses Gots au païs de l'enuirō. Dequoy & de voir ces gens hors d'Italie, Honorius dresse force ieux & passetēps à Rome, & en ce temps les habitans d'Arles chassent Heroes leur Euesque, homme de bonne & simple vie, pour mettre en son lieu Patrocle, grand amy de Constantius, affin d'auoir sa bonne grace: Ce qui esmeut grand trouble entre les Euesques de ce païs icy. Constantius poursuiuant les autres tyrans, s'en va contre Iouin, qui luy voulut contredire: mais vaincu par vne bataille, fut contraint de sortir d'Auuergne & de la Gaule; puis il fit perdre la vie à Sebastien son frere, qui vouloit brasser mesme chose: & print quelques gouuerneurs de Iouin,
&

& quelques vns de la noblesse d'Auuergne, qu'il fit mourir par suplice: Delà Constantius s'en va contre Maximus en Espaigne, & par guerre le vaincquit: mais pour ce qu'il estoit de petite qualité, & ne pouuoit faire grand chose, le relascha de prisonnier qu'il estoit, & le renuoya. Ainsi l'Espagne Citerieure estát reduite en l'obeissance d'Honorius, & les nations estrangeres, se mespartant les Espagnes, qui sont de par delà, Constantius reuint és Gaules. Les Tyrans estans desconfiits, les Vvandales chassez, & les Gots pacifiques à l'Empire Romain, restoient les Bourguignons, qui auec les Vvandales estoient venus, & n'auoient passé en Espaigne, ny estoient retournez delà le Rhin, cōme i'ay dict: contre ceux-là pour

Discours

acquerir la reputation d'auoir entierement deliuré les Gaules, Constantius delibere d'aller, & leur faire guerre: mais eux voyant bien qu'ils n'auoient dequoy resister, abhorrent la guerre & demandent la paix à Constantius, lequel pour ne mettre en peril l'honneur qu'il auoit acquis, les receut en amitié, & leur accorde paix pour habiter, & prendre pied iusques au fleuue du Rhosne, & les ayant astrainctz par vne alliance & confederation, les renuoye. Ce fut en l'an quatre cens treize. Et diray là dessus, que ces gens dés qu'ils eurent passé le Rhin, ainsi que les Vvandales, furent vagabonds l'espace de six ou sept ans, iusqu'à ceste annee icy qu'ils tindrent, comme dict Cassiodore en sa Chronicque, vne partie de la Gaule, qui est conioincte au

Cassiodor. en sa Chro.

au Rhin. Depuis ils aduancerent
& vindrent plus outre : Blondus
neantmoins tient qu'à leur abord *Blond. en son*
ils prindrét place vers les Hedriés, *hist.decad. 1.*
Lagres, & Besançon, qui est main- *liu. 1.*
tenant l'vne & l'autre Bourgon-
gne, voire vindrent ils iusques à
Chalon, & Mascon: ce qui (ainsi
qu'est à croire) ne fut tout à coup,
mais à plusieurs fois, comme à ceste cy que par consentement, &
permission de Constantius, ils es-
tendirent leurs terres iusques au
Rhosne. Ie reuiendray donc à
Constantius, & le suiuray iusques à sa fin, comme on faict tous
les autres qui ont eu la domination & maniement de ces contrees icy. Ce grand Cappitaine
apres ces choses, mandé par lettres d'Honorius, d'aller à luy &
arriué qu'il fut à Rome, eust

le Consulat, & la dignité de Patrice, & en son lieu fut envoyé de par deça Castin, comte des domestiques (qu'or' on pourroit dire grand Maistre de l'hostel) contre les François, qui voyant les Bourguignons posseder paisiblement ce qu'ils tenoient, ils en voulurent faire autant, & passerent le Rhin, & outre les autres villes prindrent derechef Troues, la pillerent & bruslerent, & furent exercees de grandes cruautez: dont Castin à la plus grand diligence qu'il peut, s'en va contre eux, & apres plusieurs batailles, les contrainct de repasser le Rhin, & quitter les villes prinses. On tient que Marcomir soit nom propre ou nom de Roy, estoit le conducteur de ces trouppes. Comme ceste guerre se faisoit, Ataulphe Roy des Gots cher-

cherchant occasion de querelle auec Honorius, incite encor Attalus qu'il menoit tousiours auec luy de l'Italie, de reprendre les habits & ornemens Imperiaux : ce que l'homme pour sa legereté fit facilement, & de nouueau se porta encor pour Empereur. Honorius qui l'entend prent opinion par ce traict, qu'Ataulphe vouloit rompre auec luy, & mettre en neant la paix entre eux faicte: par ainsi delibere de le poursuiure par guerre comme fauteur de ses ennemis, & à ces fins y mander Constantius, comme tout son refuge, & le seul rampart de ses affaires, qui de fait s'y achemina, & apres qu'il eust assemblé ses forces à la ville d'Arles, vint camper pres de Narbonne, & fait sçauoir à Ataulphe, que s'il ne luy randoit Attalus il le presseroit de tout son possible par siege. Ataulphe cognoissant bien qu'il ne pourroit soustenir vne telle force, prend resolution de sortir de Narbonne, & de passer en Affrique auec ses gens: & ainsi faict vne sortie, & se va rendre au bort de la mer pour se ietter dans ses nauires: mis il ne les y trouua, pour autant que Constantius les auoit desia surprins: dont il laisse ceste entreprinse, s'en va droict en Espaigne, qu'Honorius tenoit, l'enuahit, mesme occupe la ville de Barcelonne, menant tousiours Attalus auec luy, lequel mesprisé par les Gots fut prins accortement par quelques vns, & conduict à Constantius, qui comme le veit, en fut merueille ueilleusement aise, & le destine à Honorius, qui le commanda estre tenu en bonne & seure garde, & reserué pour le triomphe, apres que la guerre Gothique seroit acheuee. Les Gots parquez en Espagne s'asseuroient bien que les Vvandales, qui ja y estoient, leur seroient aduersaires : par ainsi de tout leur pouuoir s'efforcent à leur faire guerre pour les en chasser, & *Paul Or. li.7* mandent par mesme moyen à Honorius luy demander ceste guerre auec promesse de la faire pour les Romains. Placidia qui tentoit la paix entre son frere & son mary tant qu'elle pouuoit, print ceste occasion au poil, mesmes qu'Attalus estoit en la puissance d'Honorius, & fit tant qu'Ataulphe condescendit à son desir.

Mais

Mais les Gots qui aimoient mieux toute guerre qu'aucune paix voyât qu'Ataulphe leur Roy y estoit disposé, traistrement le tuent à Barcelonne, & pource qu'il n'auoit point d'enfans elisent Sigeric, que dans vn an ils tuent aussi, pource qu'il inclinoit à la paix, & mettent à sa place Vallias, lequel approuuant la resolution qu'autresfois auoit prins Ataulphe, delibere de faire traject en Affricque. Ainsi equippé d'armes & de vaisseaux cingle vers les Gades, afin d'aborder plustost en Mauritanie. Mais vne tourmente qui leur suruint & qu'il print pour mauuaise augure, auec ce qu'il fit naufrage, le destourna de sa traitte : dont il se resolut de faire composition auec les Romains. Ce qu'il fit entendre à Constantius, és Monts Pyrennees, lors qu'auec son armee il venoit contre luy: & à ces fins luy manda Ambassadeurs, promettant par iceux entre autres choses, de luy rendre Placidia qu'il auoit tousiours honoree, & pour gage de sa foy, luy bailleroit hostages, pourueu que de sa part il baillast aussi quelques Gentilshommes de Gaule. Les conditions acceptees par Constantius, & Placidia randue, & les hostages de part & d'autre receuz, fut la paix par l'entremise d'Anitus Auuergnac, que despuis on esleut à l'Empire, arrestee & conclue. C'est ainsi que le recite Prosper & Iornandes: & Sidonius adiouste encor, qu'Anitus fut si agreable à Vallias qu'il essaya de l'attirer à soy, comme Pirrhus fit autresfois Fabrice Romain: Mais Anite courtoisement le refusa. Ayant de la sorte estably toute ceste Gaule, Constantius s'en retourne à Rome auec Placidia, qu'Honorius receut auec grād allegresse: principalement Constātius, par la valeur duquel & la Gaule & son honneur luy estoit conserué, dont il l'honora doublemēt, car il luy dōna sa sœur Placidia en mariage, & le continua pour celle annee au Consulat. Ces choses faictes Honorius tres aise de voir les tyrans reduits à néāt, rembarre les barbares, & par ce moyen l'Italie, la Gaule, & l'Espaigne paisible, fait son entree à Rome auec vne grād pompe, & superbe apparel. Il triōphe des Gots, & d'Attalus, qu'il meine deuant son Char, les mains attachees derriere le dos: apres luy fait couper la main droitte en peine de sa perfidie, & le bannit en l'Isle de Liparre. Dans vne annee apres

apres Placidia fit vn fils à Rauēne, qu'on appella Valentinian, celuy qui tint apres Honorius l'Empire d'Occident. Constantius depuis s'en retourna vers les Gots, & auec eux & leur Roy Vallias fait si bien la guerre aux Vivandales en Espagne, qu'ils les vainquirent, dont Vallias ennobli de plusieurs victoires, & fait plus illustre, en recōpanse de ses trauaux, demande à Constantius, qu'il luy restituast ce qu'il tenoit en Gaule. Ce qui par l'authorité d'Honorius luy fut cōfirmé, ensemble par la confederation faicte entr'eux, l'Acquitaine seconde, excepté bien peu de villes, & principalement Bourges, & Clermont en Auuergne, & outre ce la ville de Tholose luy fut accordee, & fit Vallias depuis le siege de son royaume
Tho-

Tholose: celle partie d'Acquitaine fut en apres appellee du nom de Gascongne. Ainsi la Gaule estoit diuisee en trois dominations, des Romains, des Bourguignons, & des Gots. Les Romains tenoient depuis le Rhin, iusques à Loire, horsmis les Armoriques, qu'or'on appelle la haute & basse Bretaigne, qui plusieurs annees auparauant auoient faict defection à l'Empire & s'estoient vsurpez leurs libertez. Les Gots de Loire en bas: & les Bourguignons, do là le Rhosne faut entádre iusques à Lyon, qu'ils n'outrepasserent de quelques annees apres: car deçà le Rhosne, qui est tout ce païs dés le Lac de Geneue iusques à la mer de Marseille, & aussi delà le Rhosne tout du long estoit encor entier & paisible aux Romains. Il est vray que Sigebert dict dit en sa Chronicque, qu'en ce *Sigeb. en sa Chron.* temps, sçauoir l'an 415. les Gots tindrent la ville de Valence: neantmoins és annees apres elle se perdit par eux, & fut occupee par les Bourguignons, ainsi que nous esperons dire quelquesfois: Et n'eurent les Bourguignons lors toutes les villes delà le Rhosne, pour ce que plusieurs demeurerēt au pouuoir des Romains. L'estat des affaires estant ainsi l'Empereur Honorius voyant qu'il n'auoit enfans pour luy succeder à l'Empire, & que le temps requeroit d'auoir vne aide, il appelle auec soy Constantius, pour l'en faire participar, attendu que sa vertu, sa prudence & l'alliance qui estoit entre-eux, le rendoit sur tous recommandable; dont il l'honore de ce tiltre & le faict Empereur, & au nom de ces

R

deux, & de Theodose qui tenoit l'Empire d'Orient à Constantinople, se trouua encor à Rome ceste inscriptiõ faicte à l'honneur de Petronius Maximus, gouuerneur de la ville en ce temps là.

PETRONI MAXIMI
D.D.D.N.N.N. INVICTISSIMI
PRINCIPES HONO-
RIVS. THEODOSIVS ET
CONSTANTIVS CENSORES
REMVNERATORESQVE
VIRTVTVM,
PETRONIO MAXIMO V. C.
PRAEF. VRB. OB PETI-
TION. SENATVS AMPLISS.
POPVLIQ. ROMANI.

Honorius faict aussi Empereur le petit Valentinian, fils de Constantius, & mande (comme estoit la coustume) l'image de Constantius

à

à Theodose. Les François estans au quartier du Rhin, subrogent (comme dict Sigebert) à Marco- *Sig. en sa Ch.* mire decedé Pharamond, & le fôt leur Roy. Les autres disent qu'il fut le premier qui porta tiltre de Roy entre eux, & souz lequel les anciennes loix Françoises furent establies. D'autre part Vallias Roy des Gots faict voyage en Espagne contre les Vvandales, dont estant de retour à Toulouse deceda, parquoy fut deferé le royaume des Gots à Theodoric. Cependant Constantius fut aduerty comme Theodose n'auoit approuué son eslection, ny voulu receuoir son pourtraict, dequoy si grand desplaisir le saisit qu'il en mourut six mois apres sa reception à l'Empire. Theodose à ces entrefaictes prend à femme Athenais fille de

Leontius philosophe d'Atenes: Et ce fit-il, d'autant que Pulcheria sa sœur la luy auoit loüee, outre ce qu'à la verité elle estoit pleine d'vne grande prudence & beauté. Theodose en apres dresse la guerre contre les Perses, où fit si bien qu'ils furent contraincts à luy demander la paix, qu'il leur octroya. Quant à Honorius, comme il fut aduerty que les Gots faisoient à bon escient guerre en Espagne aux Vvandales, il prend esperance de recouurer celle prouince, dont y mande Castih, & aussi Boniface gouuerneur d'Affrique auec son armee nauale, lesquels ioincts ensemble firent de beaux & heureux exploicts: car ils eurent vne & deux batailles contre les Vvandales, & si prindrent Iouin & Maximus, qui auoient voulu autresfois

fois vsurper la tyrannie. Mais l'enuie fit separer ces deux chefs, de sorte que Boniface s'estant retiré, les Vvandales donnerent sur Castin, le mirent en routte auec toutes ses troupes: Iouin & Maximus furét neantmoins cōduits à Rome & cōme Honorius estant és ieux publics, mesme pour passer l'ennui de ceste derniere perte, il y presenta ces deux jadis tyrans, qui pour estre ainsi exibez augmenterent la ioye du peuple, prenāt augure par là que c'estoit la fin des guerres Ciuilles. Iournandes tient que ces deux estans arriuez d'Espagne furent tuez de glaiue. Honorius apres cecy despartit de Rome pour aller à Rauéne, ayant opinion que Placidia sa sœur mere de Valentinian, brassoit auec ses ennemis quelque chose contre luy. De-

Iornand. de la successs. des regnes & des temps.

quoy Placidia ayant sentiment, pour aduiser à son asseurance & de son fils, s'achemine à Constantinople vers Theodose, qui la receut honnorablement. Honorius s'en retourna bien tost à Rome pour vne maladie de laquelle il mourut. Ce prince regnant toutes les nations Septentrionales, desquelles a esté parlé, sans les Huns qui se ietterent en Pannonie, desquels elle est encor appellee Hongrie, occuperent en diuers endroicts les terres de l'Empire, & mesmes de l'Occident: dont la fin (ou peu s'en faut) aduint sous Valentinian troisiesme, qui vient en suitte: duquel ie parleray quelqu'autresfois, & lequel apres luy ne laissa (si ie ne le puis ainsi dire) que sept ou huict auortons de l'Empire, desquels aucuns historiens ne disent que
le

le nom, & desquels Augustulus fut le dernier & la fin de cest Empire, à qui le grand Auguste donna commencement. Et ne demeurerent que les Empereurs Grecs & celuy d'Orient, que de nostre temps le grand Seigneur Mahometan a surprins & dressé son siege à la ville de Constantinople. Ayant donc conduict l'estat Romain en cestuy nostre païs, & par toutes les Gaules iusques à sa fin ou bien pres, ie feray icy vn peu de pause, & vne autrefois & d'vne autre halaine ie diray comme ce peu qui restoit fut conquis à toute force d'armes par les nations venues des païs Septentrionnaux. Car ie vois les François qui passent le Rhin, & desia se logent au païs Belgique, & voy pareillemēt les Bourguignós, qui apres s'estre accreuz du nóbre

R 4

des leurs qu'õ disoit auoir demeuré en Allemaigne, veulẽt franchir le Rhosne, gaigner l'vne & l'autre de ses riues & s'approprier ce païs iusques à Marseille, soit à la fois soit à boutees. Icy viendront encor les Gots, autres toutesfois que ceux que l'ay laissé en Aquitaine: lesquels neantmoins y donneront quelque attainte, les vns estans surnommez Ostrogots, & les autres Visigots. Les François s'y mesleront & les Lombards y feront leurs courses, & pour le comble de ces pernicieux changemens, les Sarrasins exerceront par tous les endroicts leurs cruautez & furies. Ie descriray par mesme moyen les Royaumes qui se sont erigez auec les dominations plus grandes qui en ont prins naissance, & les petits estats & seigneuries qui
depuis

depuis la vindrent entre-coupper, & que pour la plus part de main à autre l'on tient encor aujourd'huy. Par ce ie finiray pour le present cest escript, que ie sçay bien outrepasser les bornes d'vne lettre missiue: mais la deduitte & recherche que i'auois entreprins d'vne ville particuliere, m'ayant faict passer, cōme conioincte & connexe du tout à celle de l'estat general, & à la suitte de ceux qui l'ont tenu, que ie n'abandonne iusques à leur fin: ensemble le desir que i'auois (à vostre consideration & par vostre commandemēt) de faire quelque chose de bon, ores que mon impuissance ne me permit d'en venir à ce but: Ie seray s'il vous plaist excusable. Dequoy m'asseurant par vostre douceur & bonté. Ie prieray Dieu

Discours Historique.

Dieu vous conseruer en sa saincte grace, & vous continuer ceste gradeur, & prosperité que de plus en plus tous les iours il vous donne. De Die en vostre maison (où l'ay tracé comme au crayon, les premiers traicts de ce discours) le quatorziesme iour d'Aoust mil cinq cens septete neuf, date qu'encor apres toutes ces annees passees ie retiens, pour monstrer de combien long temps i'ay esté, comme ie suis & seray à iamais,

MONSEIGNEVR,

Vostre tres-humble seruiteur,
AYMAR DV PERIER.

A MONDIT SEIGNEVR,
Sur sa victoire du xiiij. Septembre, 1591.

STANCES.

Lio l'honneur premier des filles de memoire,
Qui sçais ioindre si bien tes beaux vers à l'histoire,
Et tentes nos esprits d'vn plus doux souuenir:
Si tu m'as esté, Muse, autresfois fauorable,
Esuante moy ce chant pour iamais memorable.
„ Ce n'est rien du passer, tout est de l'aduenir.

Non le Marbre, ou l'airain grauez à la Romaine,
Font viure vn bon Soldat, ou vn grand Capitaine:
Non d'auoir prins d'assaut vne ville, ou vn fort,
Non d'auoir par prouesse, & par bonne conduitte
Ruë par terre, ou mis toute vne armee en fuitte,
Leur peuuent redonner la vie apres la mort.

Cela muet se brise, & les sœurs Pierides
Par les citez, par l'air, par les riues humides,
Par les Monts, par les chãps, font qu'vn chacun le sçait,
Leur voix ne tarit onc: sans leur voix touſiours claire,
Les plus grands gestes n'ont leur immortel salaire.
„ La vertu n'a son iour si le papier se taist.

Des Daulphins, des Poittiers, de la Tour, des Grostees,
Des Berangers, des Baulx les races ennoblees
Sont presque par le temps: mais où ſont les Agoûts?
Où ſont les Montaubans, ores que gens d'eſlite,
Pour n'auoir autre autheur qui chante leur merite?
Si ce n'est du seul nom, l'oubly les couure tous.

Vous estes bien comme eux, Seigneur, & en soy mesme
Vostre vertu subsiste, & ne craint la mort blesme:
Mais si la docte Muse accompagne son cours,
Elle paroist toute autre: elle va plus hautaine,
Et un siecle apres l'autre, infinie la meine,
Comme un astre serain qui brille au Ciel tousiours.

Elle a faict que vos mains d'une sage hardiesse
Ont rompu l'estranger, ont enfoncé la presse
De six mille n'estant que les deux tiers moins qu'eux,
Leur chamaillant si fort & armes & cuirasse
Qu'ils furent tous chassez ou tuez sur la place,
Sans que de vostre armee y restast qu'un ou deux.

De leur ost sont tesmoins tant d'enseignes portees,
Les unes à lambeaux, les autres escartees
De bord ou de quartier: & les autres encor
Entieres, qu'on pend là pour trophee aux Eglises,
Diuerses en couleurs, en chiffres, & deuises,
Toutes roides d'argent & retamees d'or.

Là sont les escussons des païs de l'aurore,
Des royaumes d'Espaigne, & de la riue More:
Là ceux du vieil Gasbourg, & d'Austriche l'on void,
Bref outre le seiour des nouuelles peuplades
Maint peuple y est marqué, dés l'Inde iusqu'aux Gades,
Et dés le chaud Midi iusqu'au Pole plus froid.

Qu'est-ce de vaincre ainsi? c'est vaincre tout un mõde,
Certes auec espoir la victoire se fonde,
Chacun s'appreste au choc, & d'un courage preux,
Tout remue, tout bruict, tout fremit iusqu'au moindre:
L'issue est incertaine, & quand ce vient au ioindre
Parmy les bataillons Mars erre tout douteux.

Mais si du tout puissant la volonté Diuine
Selon qu'elle est, à l'vne ou l'autre part incline,
Il esbranle, il renuerse, il met fin aux combats,
Comme quand le rustique à brassees moissonne
Les thresors fromenteux que la terre luy donne,
Il en paie son champ, & les entasse en bas.

La dextre Daulphinoise a monstré sa vaillance
Au vieillard Espagnol, qui plus ruzier il pense,
Plus se treuue il descheu d'experience & d'heur,
Sentant auec les siens combien vne Iustice
Chastie (s'il est vray) leur execrable vice.
,, Souuent la peine suit le crime & son autheur.

Ce n'est, ce n'est ainsi, qu'on doit venger l'Eglise,
Aux pechez en ce cas le Ciel ne fauorise:
Il trouble à tous les sens, & les rend esbahis:
S'il faut l'auoir, il faut vne iuste querelle,
Qui la suit autrement, il perit auec elle.
Dieu ne sert de pretexte à surprendre vn prix.

Ainsi que vous, Seigneur, fit Enguerrand de Bonne,
Compagnon de Montfort sur les bords de Garonne,
Qui cent mille Espagnols, prompts à se rallier,
Mit en fuitte, & de morts tint la terre couuerte,
Sans que la gent Françoise y receust autre perte,
Que de quelque soldat & d'vn seul Cheualier.

Qui craindra plus l'Espaigne, & la gent qu'elle enuoye
Contre nous animez és marches de Sauoye?
Qui craindra le Lombard & le Napolitain?
Ayant pour nous ce chef, & ces trouppes guerrieres,
Ceux de delà les Monts, soubs nouuelles bannieres,
Et les vaincus encor se ramassent en vain.

France, dont l'estenduë en gens-d'armes foisonne,
Tu sçais desia combien tu dois à ceux de Bonne,
Tesmoing Garonne, Doire, & le rapide cours
De Durance n'aguiere, & maintenant Lisere
Void que pour desliurer le peuple de misere
Nous tous à bon escient en sentons le secours.

La victoire au front Vierge, au droict & beau corsage,
Les grands aisles au dos, à tout sexe, à tout aage,
Asseure les autels (dit-on) & leur foüyer:
Par tous les coings du monde, elle volle à grand erre,
De lauriers coronnee, & l'vne & l'autre terre:
,, Le seul los est son prix, & son propre loyer.

Puisse

Puisse auoir telle armee à iamais nostre Prince,
Sur le bord estranger de chacune Prouince,
Soustien de son estat, puisse le desarroy
Ciuil cesser meshuy, puisse en son premier estre
Par tout entierement tout ordre se remettre,
Puisse estre en paix tousiours & la France & le Roy.

Il est permis à Barthelemy Ancelin imprimer le present liure, auec deffences à tous autres en tel cas requises. Faict ce 20. May, 1610.

AVSTREIN.

www.ingramcontent.com/pod-product-compliance
Lightning Source LLC
Chambersburg PA
CBHW050629170426
43200CB00008B/946